Über dieses Buch

»Die Traumdeutung ist in Wirklichkeit die Via Regia zur Kenntnis des Unbewußten, die sicherste Grundlage der Psychoanalyse . . . Wenn Sie . . . die Lösungen der Probleme des Traumlebens anzunehmen vermögen, werden Ihnen die Neuheiten, welche die Psychoanalyse Ihrem Denken zumutet, keine Schwierigkeiten mehr bieten. Vergessen Sie nicht, daß unsere nächtlichen Traumproduktionen einerseits die größte äußere Ähnlichkeit und innere Verwandtschaft mit den Schöpfungen der Geisteskrankheit zeigen, andererseits aber mit der vollen Gesundheit des Wachlebens verträglich sind.«

Diese Sätze stehen in Sigmund Freuds amerikanischen Vorlesungen ›Über Psychoanalyse‹. Tatsächlich war er davon überzeugt, daß ihm mit der Analyse der Traumphänomene seine bedeutendsten Funde gelungen seien und daß mit ihnen sein Name am längsten verbunden bleiben werde. Sein persönliches Interesse am Phänomen des Traums reicht bis in seine Knabenzeit zurück. Aber erst als ihm in den Berichten seiner Patienten Traumelemente begegneten, begann er zu begreifen, daß die psychischen Mechanismen, deren sich die Neurose bedient, im ›normalen‹ seelischen Apparat, diesem »allerwunderbarsten und allergeheimnisvollsten Instrument«, bereitliegen. Selbst zeitlebens ein ›guter Träumer‹, begann er im Zuge seiner Selbstanalyse die eigenen Träume zum Gegenstand wissenschaftlicher Forschung zu machen. Das Ergebnis dieses einzigartigen Prozesses war ›Die Traumdeutung‹ (1900). Die höchst originellen Einsichten dieses Buches sind bis heute nicht überholt, sie werden vielmehr von der modernen Schlaf- und Traumforschung nach und nach experimentell bestätigt.

Auch nach Erscheinen des großen Buches, das vom S. Fischer Verlag demnächst in einer kommentierten Edition im Rahmen der zehnbändigen Freud-Studienausgabe vorgelegt wird, hat Freud sich immer wieder mit dem Phänomen des Traums beschäftigt und neue Erkenntnisse gewonnen. Der vorliegende chronologisch gegliederte Band sammelt Freuds kleine Schriften zu diesem Thema. ›Über den Traum‹ ist sein Hauptstück. Freud hat dieses Werk als eine im besten Sinne populäre Darstellung und Zusammenfassung seiner äußerst schwierigen ›Traumdeutung‹ aufgefaßt. Anhand einer sehr anschaulichen Demonstration der Technik der Traumdeutung führt er alle zentralen Begriffe und Hypothesen vor: den Unterschied zwischen manifestem und latentem Trauminhalt, die verschiedenen Klassen von Träumen, die Traumzensur, die Formgesetze der Traumstruktur usw. – Der Band enthält u. a. auch einen bisher auf dem deutschen Buchmarkt nicht erhältlichen Text, dessen Manuskript erst 1956 aufgetaucht ist: ›Träume im Folklore‹.

Sigmund Freud

Über Träume und Traumdeutungen

Fischer
Taschenbuch
Verlag

Fischer Taschenbuch Verlag
1.– 25. Tausend: Januar 1971
26.– 50. Tausend: Februar 1971
51.– 90. Tausend: November 1971
91.–120. Tausend: November 1972
121.–137. Tausend: Februar 1974
138.–157. Tausend: September 1974
Umschlagentwurf: Jan Buchholz / Reni Hinsch
Fischer Taschenbuch Verlag GmbH, Frankfurt am Main
Lizenzausgabe mit freundlicher Genehmigung
des S. Fischer Verlages GmbH, Frankfurt am Main

Gesamtherstellung: Hanseatische Druckanstalt GmbH, Hamburg
Printed in Germany
ISBN 3 436 01329 3

Inhalt

Eine erfüllte Traumahnung

Frau B., eine ausgezeichnete, auch kritische Person erzählt in anderem Zusammenhange, keineswegs tendenziös, daß sie einmal vor Jahren geträumt, sie treffe ihren früheren Hausarzt und Freund, Dr. K., in der Kärntnergasse vor dem Laden von Hies. Am nächsten Vormittag geht sie durch diese Straße und trifft die bezeichnete Person wirklich an der geträumten Stelle. Soweit das Argument. Ich bemerke noch, daß dieses wunderbare Zusammentreffen seine Bedeutung durch kein nachfolgendes Ereignis erwies, also aus dem Zukünftigen nicht zu rechtfertigen ist.

Zur Analyse dient das Examen, welches feststellt, daß der Beweis nicht zu führen ist, sie hätte diesen Traum am Morgen nach der Traumnacht überhaupt vor dem Spaziergang erinnert. Ein solcher Beweis wäre die Niederschrift oder Mitteilung des Traumes vor seiner Erfüllung gewesen. Die Dame muß sich vielmehr ohne Einwendung folgende Darstellung des Sachverhaltes gefallen lassen, die mir die wahrscheinlichere ist: Sie ist eines Vormittags in der Kärntnerstraße spazieren gegangen und hat vor dem Laden von Hies ihren alten Hausarzt begegnet. Als sie ihn sah, bekam sie die Überzeugung, sie habe die letzte Nacht von eben diesem Zusammentreffen an der nämlichen Stelle geträumt. Nach den für die Deutung neurotischer Symptome geltenden Regeln muß diese Übersetzung eine berechtigte sein. Der Inhalt derselben darf eine Umdeutung erleiden.

Die Vergangenheit der Frau B. enthält folgende Geschichte, zu der Dr. K. in Beziehung steht. Sie wurde jung, ohne volle Einwilligung, an einen älteren aber vermögenden Mann verheiratet, der einige Jahre nachher sein Vermögen verlor, an Tuberkulose erkrankte und starb. Die junge Frau erhielt sich und den Kranken mehrere Jahre lang durch Musikunterricht. Sie fand Freunde im Unglück, einer derselben war der Hausarzt Dr. K., der dem Mann seine Pflege widmete und ihr den Weg zu den ersten Lektionen ebnete. Ein anderer war ein Advokat, auch ein Dr. K., der die desolaten Verhältnisse des ruinierten Kaufmannes in Ordnung brachte, dabei aber um die Liebe der jungen Frau sich bewarb und auch — zum ersten und einzigen Mal — die Leidenschaft in ihr entflammte. Aus dieser Liebesbeziehung wurde kein rechtes Glück, die Bedenken ihrer Erziehung und Denkungsart verdarben der Frau und später der Witwe die Hingebung. In demselben Zusammenhange, der obigen Traum einschließt, erzählt Frau B. von einer wirklichen Begebenheit jener unglück-

lichen Zeit, in der sie nach ihrer Schätzung ein merkwürdiges Zusammentreffen sieht. Sie befand sich in ihrem Zimmer, auf dem Boden knieend, den Kopf auf einen Sessel gelegt und schluchzte in leidenschaftlicher Sehnsucht nach ihrem Freund und Helfer, dem Advokaten, als dieser im nämlichen Moment die Türe öffnete, um sie zu besuchen. Wir werden nichts Merkwürdiges in diesem Zusammentreffen finden, wenn wir überlegen, wie oft sie seiner so gedacht und wie oft er sie besucht haben mag. Auch finden sich solche wie verabredete Zufälligkeiten in allen Liebesgeschichten. Doch ist dieses Zusammentreffen wahrscheinlich der eigentliche Inhalt ihres Traumes und die einzige Begründung ihrer Überzeugung, dass jener Traum eingetroffen sei.
Zwischen jener Szene vom Eintreffen des Wunsches und jenem Traum liegen mehr als 25 Jahre. Frau B. ist unterdes Witwe eines zweiten Mannes geworden, der ihr ein Kind und Vermögen hinterließ. Die Neigung der alten Dame hängt immer noch an dem Manne Dr. K., der jetzt ihr Ratgeber und der Verwalter ihres Vermögens ist und den sie häufig zu sehen gewöhnt ist. Nehmen wir an, sie habe in den Tagen vor dem Traum seinen Besuch erwartet, er sei aber — es ist ihm nicht mehr so dringlich wie einst — ausgeblieben. Dann kann sie leicht in der Nacht einen Sehnsuchtstraum gehabt haben, der sie in frühere Zeiten zurückversetzt. Sie träumt dann wahrscheinlich von einem Rendezvous aus der Zeit der Leidenschaft und die Kette der Traumgedanken läuft zurück bis zu jenem Mal, wo er ohne Verabredung gerade in dem Moment gekommen, da sie sich nach ihm gesehnt. Solche Träume dürften sich jetzt oft bei ihr ereignen; sie sind ein Teil der späten Bestrafung, die dem Weib für seine Grausamkeit in jungen Jahren zu Teil wird. Aber als Abkömmlinge einer unterdrückten Strömung und mit Reminiszenzen an die Rendezvous erfüllt, an die sie seit ihrer zweiten Verheiratung nicht gerne mehr denkt, werden solche Träume nach dem Erwachen wieder beseitigt. So wird es auch unserem angeblich prophetischen Traum ergangen sein. Sie geht dann aus und begegnet an einer an sich gleichgiltigen Stelle der Kärntnerstraße ihrem alten Hausarzt Dr. K. Sie hat ihn sehr lange nicht gesehen, er ist mit den Erregungen jener glücklich-unglücklichen Periode innig verknüpft, er war auch ein Helfer, wir dürfen annehmen, er ist in ihren Gedanken und vielleicht auch in Träumen eine Deckperson, hinter der sie die geliebtere des anderen Dr. K. verbirgt. Diese Begegnung will nun die Erinnerung an den Traum wecken. Es sollte in ihr heissen: Richtig, ich habe ja heute von meinem Rendezvous mit Dr. K. geträumt. Aber diese Erinnerung muss sich dieselbe Entstellung gefallen lassen, der der Traum nur dadurch entgangen ist, dass er gar nicht in der Erinnerung bewahrt wurde. Für den geliebten K. schiebt sich der

indifferente K. ein, der an den Traum erinnert; der Inhalt des Traumes — das Rendezvous — überträgt sich auf den Glauben, dass sie von dieser bestimmten Stelle geträumt hat, denn ein Rendezvous besteht darin, dass zwei Personen zur gleichen Zeit an die nämliche Stelle kommen. Wenn dabei dann der Eindruck zu Stande kommt, dass ein Traum in Erfüllung gegangen ist, so bringt sie mit ihm nur die Erinnerung zur Geltung, dass in jener Szene, wo sie sich weinend nach seiner Gegenwart sehnte, ihre Sehnsucht wirklich sofort in Erfüllung gegangen ist.

So ist die nachträgliche Traumschöpfung, die allein die prophetischen Träume ermöglicht, auch nichts anderes als eine Form der Zensurierung, die dem Traum das Durchdringen zum Bewusstsein ermöglicht.

Über den Traum

I

In den Zeiten, die wir vorwissenschaftliche nennen dürfen, waren die Menschen um die Erklärung des Traumes nicht verlegen. Wenn sie ihn nach dem Erwachen erinnerten, galt er ihnen als eine entweder gnädige oder feindselige Kundgebung höherer, dämonischer und göttlicher Mächte. Mit dem Aufblühen naturwissenschaftlicher Denkweisen hat sich all diese sinnreiche Mythologie in Psychologie umgesetzt, und heute bezweifelt nur mehr eine geringe Minderzahl unter den Gebildeten, daß der Traum die eigene psychische Leistung des Träumers ist.

Seit der Verwerfung der mythologischen Hypothese ist der Traum aber erklärungsbedürftig geworden. Die Bedingungen seiner Entstehung, seine Beziehung zum Seelenleben des Wachens, seine Abhängigkeit von Reizen, die sich während des Schlafzustandes zur Wahrnehmung drängen, die vielen dem wachen Denken anstößigen Eigentümlichkeiten seines Inhaltes, die Inkongruenz zwischen seinen Vorstellungsbildern und den an sie geknüpften Affekten, endlich die Flüchtigkeit des Traumes, die Art, wie das wache Denken ihn als fremdartig beiseite schiebt, in der Erinnerung verstümmelt oder auslöscht: — all diese und noch andere Probleme verlangen seit vielen hundert Jahren nach Lösungen, die bis heute nicht befriedigend gegeben werden konnten. Im Vordergrunde des Interesses steht aber die Frage nach der Bedeutung des Traumes, die einen zweifachen Sinn in sich schließt. Sie fragt erstens nach der psychischen Bedeutung des Träumens, nach der Stellung des Traumes zu anderen seelischen Vorgängen und nach einer etwaigen biologischen Funktion desselben, und zweitens möchte sie wissen, ob der Traum deutbar ist, ob der einzelne Trauminhalt einen »Sinn« hat, wie wir ihn in anderen psychischen Kompositionen zu finden gewöhnt sind.

Drei Richtungen machen sich in der Würdigung des Traumes bemerkbar. Die eine derselben, die gleichsam den Nachklang der alten Überschätzung des Traumes bewahrt hat, findet ihren Ausdruck bei manchen Philosophen. Ihnen gilt als die Grundlage des Traumlebens ein besonderer Zustand der Seelentätigkeit, den sie sogar als eine Erhebung zu einer höheren Stufe feiern. So urteilt z. B. Schubert: Der Traum sei eine Befreiung des Geistes von der Gewalt der äußeren Natur, eine Loslösung der Seele von den Fesseln der Sinnlichkeit. Andere

Denker gehen nicht so weit, halten aber daran fest, daß die Träume wesentlich seelischen Anregungen entspringen und Äußerungen seelischer Kräfte darstellen, die tagsüber an ihrer freien Entfaltung behindert sind (der Traumphantasie — Scherner, Volkelt). Eine Fähigkeit zur Überleistung wenigstens auf gewissen Gebieten (Gedächtnis) wird dem Traumleben von einer großen Anzahl von Beobachtern zugesprochen.
Im scharfen Gegensatz hierzu vertritt die Mehrzahl ärztlicher Autoren die Auffassung, welche dem Traum kaum noch den Wert eines psychischen Phänomens beläßt. Die Erreger des Traumes sind nach ihnen ausschließlich die Sinnes- und Leibreize, die entweder von außen den Schläfer treffen oder zufällig in seinen inneren Organen rege werden. Das Geträumte hat nicht mehr Anspruch auf Sinn und Bedeutung als etwa die Tonfolge, welche die zehn Finger eines der Musik ganz unkundigen Menschen hervorrufen, wenn sie über die Tasten des Instruments hinlaufen. Der Traum ist geradezu als »ein körperlicher, in allen Fällen unnützer, in vielen Fällen krankhafter Vorgang« zu kennzeichnen (Binz). Alle Eigentümlichkeiten des Traumlebens erklären sich aus der zusammenhanglosen, durch physiologische Reize erzwungenen Arbeit einzelner Organe oder Zellgruppen des sonst in Schlaf versenkten Gehirns.
Wenig beeinflußt durch dieses Urteil der Wissenschaft und unbekümmert um die Quellen des Traumes, scheint die Volksmeinung an dem Glauben festzuhalten, daß der Traum denn doch einen Sinn habe, der sich auf die Verkündigung der Zukunft bezieht, und der durch irgend ein Verfahren der Deutung aus seinem oft verworrenen und rätselhaften Inhalt gewonnen werden könne. Die in Anwendung gebrachten Deutungsmethoden bestehen darin, daß man den erinnerten Trauminhalt durch einen anderen ersetzt, entweder Stück für Stück nach einem feststehenden Schlüssel, oder das Ganze des Traumes durch ein anderes Ganzes, zu dem es in der Beziehung eines Symbols steht. Ernsthafte Männer lächeln über diese Bemühungen. »Träume sind Schäume.«

II

Zu meiner großen Überraschung entdeckte ich eines Tages, daß nicht die ärztliche, sondern die laienhafte, halb noch im Aberglauben befangene Auffassung des Traumes der Wahrheit nahekommt. Ich gelangte nämlich zu neuen Aufschlüssen über den Traum, indem ich eine neue Methode der psychologischen Untersuchung auf ihn anwendete, die mir bei der Lösung der Phobien, Zwangsideen, Wahnideen u. dgl. hervorragend gute Dienste geleistet hatte, und die seither unter dem Namen »Psychoanalyse« bei einer ganzen Schule von Forschern Aufnahme gefunden hat. Die mannigfaltigen Analogien des Traumlebens mit den verschiedenartigsten Zuständen psychischer Krankheit im Wachen sind ja von zahlreichen ärztlichen Forschern mit Recht bemerkt worden. Es erschien also von vorneherein hoffnungsvoll, ein Untersuchungsverfahren, welches sich bei den psychopathischen Gebilden bewährt hatte, auch zur Aufklärung des Traumes heranzuziehen. Die Angst- und Zwangsideen stehen dem normalen Bewußtsein in ähnlicher Weise fremd gegenüber wie die Träume dem Wachbewußtsein; ihre Herkunft ist dem Bewußtsein ebenso unbekannt wie die Träume. Bei diesen psychopathischen Bildungen wurde man durch ein praktisches Interesse getrieben, ihre Herkunft und Entstehungsweise zu ergründen, denn die Erfahrung hatte gezeigt, daß eine solche Aufdeckung der dem Bewußtsein verhüllten Gedankenwege, durch welche die krankhaften Ideen mit dem übrigen psychischen Inhalt zusammenhängen, einer Lösung dieser Symptome gleichkommt, die Bewältigung der bisher unhemmbaren Idee zur Folge hat. Aus der Psychotherapie stammte also das Verfahren, dessen ich mich für die Auflösung der Träume bediente.

Dieses Verfahren ist leicht zu beschreiben, wenngleich seine Ausführung Unterweisung und Übung erfordern dürfte. Wenn man es bei einem anderen, etwa einem Kranken mit einer Angstvorstellung, in Anwendung zu bringen hat, so fordert man ihn auf, seine Aufmerksamkeit auf die betreffende Idee zu richten, aber nicht, wie er schon so oft getan, über sie nachzudenken, sondern alles ohne Ausnahme sich klar zu machen und dem Arzt mitzuteilen, was ihm zu ihr einfällt. Die dann etwa auftretende Behauptung, daß die Aufmerksamkeit nichts erfassen könne, schiebt man durch eine energische Versicherung, ein solches Ausbleiben eines Vorstellungsinhaltes sei ganz unmöglich, zur Seite. Tatsächlich ergeben sich sehr bald zahlreiche Einfälle, an die sich weitere knüpfen, die aber regelmäßig von dem Urteil des Selbstbeobachters eingeleitet werden, sie seien unsinnig oder unwichtig, gehören nicht hierher, seien ihm nur zufällig und außer Zusammenhang mit dem gegebenen Thema eingefallen. Man merkt sofort, daß es diese Kritik ist, welche all diese Einfälle von der Mitteilung, ja bereits vom Bewußtwerden, ausgeschlossen hat. Kann man die betreffende Person dazu bewegen, auf solche Kritik gegen ihre Einfälle zu verzichten und die Gedankenreihen, die sich bei festgehaltener Aufmerksamkeit ergeben, weiter zu spinnen, so gewinnt man ein psychisches Material, welches alsbald deutlich an die zum Thema genommene krankhafte Idee anknüpft, deren Verknüpfungen mit anderen Ideen bloßlegt, und in weiterer Verfolgung gestattet, die krankhafte Idee durch eine neue zu ersetzen, die sich in verständlicher Weise in den seelischen Zusammenhang einfügt.

Es ist hier nicht der Ort, die Voraussetzungen, auf denen dieser Versuch ruht, und die Folgerungen, die sich aus seinem regelmäßigen Gelingen ableiten, ausführlich zu behandeln. Es mag also die Aussage genügen, daß wir bei jeder krankhaften Idee ein zur Lösung derselben hinreichendes Material erhalten, wenn wir unsere Aufmerksamkeit gerade den »ungewollten«, den »unser Nachdenken störenden«, den sonst von der Kritik als wertloser Abfall beseitigten Assoziationen zuwenden. Übt man das Verfahren an sich selbst, so unterstützt man sich bei der Untersuchung am besten durch sofortiges Niederschreiben seiner anfänglich unverständlichen Einfälle.

Ich will nun zeigen, wohin es führt, wenn ich diese Methode der Untersuchung auf den Traum anwende. Es müßte jedes Traumbeispiel sich in gleicher Weise dazu eignen; aus gewissen Motiven wähle ich aber einen eigenen Traum, der mir in der Erinnerung undeutlich und sinnlos erscheint, und der sich durch seine Kürze empfehlen kann. Vielleicht wird gerade der Traum der letzten Nacht diesen Ansprüchen genügen. Sein unmittelbar nach dem Erwachen fixierter Inhalt lautet folgendermaßen:

»Eine Gesellschaft, Tisch oder Table d'hôte ... Es wird Spinat gegessen ... Frau E. L. sitzt neben mir, wendet sich ganz mir zu und legt vertraulich die Hand auf mein Knie. Ich entferne die Hand abwehrend. Sie sagt dann: Sie haben aber immer so schöne Augen gehabt ... Ich sehe dann undeutlich etwas wie zwei Augen als Zeichnung oder wie die Kontur eines Brillenglases ...«

Dies ist der ganze Traum oder wenigstens alles, was ich von ihm erinnere. Er erscheint mir dunkel und sinnlos, vor allem aber befremdlich. Frau E. L. ist eine Person, zu der ich kaum je freundschaftliche Beziehungen gepflogen, meines Wissens herzlichere nie gewünscht habe. Ich habe sie lange Zeit nicht gesehen und glaube nicht, daß in den letzten Tagen von ihr die Rede war. Irgendwelche Affekte haben den Traumvorgang nicht begleitet.

Nachdenken über diesen Traum bringt ihn meinem Verständnis nicht näher. Ich werde aber jetzt absichts- und kritiklos die Einfälle verzeichnen, die sich meiner Selbstbeobachtung ergeben. Ich bemerke bald, daß es dabei vorteilhaft ist, den Traum in seine Elemente zu zerlegen und zu jedem dieser Bruchstücke die anknüpfenden Einfälle aufzusuchen.

Gesellschaft, Tisch oder Table d'hôte. Daran knüpft sich sofort die Erinnerung an das kleine Erlebnis, welches den gestrigen Abend beschloß. Ich war von einer kleinen Gesellschaft weggegangen in Begleitung eines Freundes, der sich erbot, einen Wagen zu nehmen und mich nach Hause zu führen. »Ich ziehe einen Wagen mit Taxameter vor«, sagte er, »das beschäftigt einen so angenehm; man hat immer etwas, worauf man schauen kann.« Als wir im Wagen saßen und der Kutscher die

Scheibe einstellte, so daß die ersten sechzig Heller sichtbar wurden, setzte ich den Scherz fort. »Wir sind kaum eingestiegen und schulden ihm schon sechzig Heller. Mich erinnert der Taxameterwagen immer an die Table d'hôte. Er macht mich geizig und eigensüchtig, indem er mich unausgesetzt an meine Schuld mahnt. Es kommt mir vor, daß diese zu schnell wächst, und ich fürchte mich, zu kurz zu kommen, gerade wie ich mich auch an der Table d'hôte der komischen Besorgnis, ich bekomme zu wenig, müsse auf meinen Vorteil bedacht sein, nicht erwehren kann.« In entfernterem Zusammenhange hiermit zitierte ich:

»Ihr führt ins Leben uns hinein,
Ihr laßt den Armen schuldig werden.«

Ein zweiter Einfall zur Table d'hôte: Vor einigen Wochen habe ich mich an einer Gasthaustafel in einem Tiroler Höhenkurort heftig über meine liebe Frau geärgert, die mir nicht reserviert genug gegen einige Nachbarn war, mit denen ich durchaus keinen Verkehr anknüpfen wollte. Ich bat sie, sich mehr mit mir als mit dem Fremden zu beschäftigen. Das ist ja auch, als ob ich an der Table d'hôte zu kurz gekommen wäre. Jetzt fällt mir auch der Gegensatz auf zwischen dem Benehmen meiner Frau an jener Tafel und dem der Frau E. L. im Traum, »die sich ganz mir zuwendet«.
Weiter: Ich merke jetzt, daß der Traumvorgang die Reproduktion einer kleinen Szene ist, die sich ganz ähnlich so zwischen meiner Frau und mir zur Zeit meiner geheimen Werbung zugetragen hat. Die Liebkosung unter dem Tischtuch war die Antwort auf einen ernsthaft werbenden Brief. Im Traum ist aber meine Frau durch die fremde E. L. ersetzt.
Frau E. L. ist die Tochter eines Mannes, dem ich Geld geschuldet habe! Ich kann nicht umhin zu bemerken, daß sich da ein ungeahnter Zusammenhang zwischen den Stücken des Trauminhalts und meinen Einfällen enthüllt. Folgt man der Assoziationskette, die von einem Element des Trauminhaltes ausgeht, so wird man bald zu einem anderen Element desselben zurückgeführt. Meine Einfälle zum Traume stellen Verbindungen her, die im Traume selbst nicht ersichtlich sind.
Pflegt man nicht, wenn jemand erwartet, daß andere für seinen Vorteil sorgen sollen, ohne eigenen Vorteil dabei zu finden, diesen Weltunkundigen höhnisch zu fragen: Glauben Sie denn, daß dies oder jenes um Ihrer schönen Augen willen geschehen wird? Dann bedeutet ja die Rede der Frau E. L. im Traume: »Sie haben immer so schöne Augen gehabt« nichts anderes als: Ihnen haben die Leute immer alles Liebe getan; Sie haben alles umsonst gehabt. Das Gegenteil ist natürlich wahr: Ich habe alles, was mir andere etwa Gutes erwiesen, teuer

bezahlt. Es muß mir doch einen Eindruck gemacht haben, daß ich gestern den Wagen umsonst gehabt habe, in dem mich mein Freund nach Hause geführt hat.

Allerdings der Freund, bei dem wir gestern zu Gast waren, hat mich oft zu seinem Schuldner gemacht. Ich habe erst unlängst eine Gelegenheit, es ihm zu vergelten, ungenützt vorübergehen lassen. Er hat ein einziges Geschenk von mir, eine antike Schale, auf der ringsum Augen gemalt sind, ein sog. Occhiale zur Abwehr des Malocchio. Er ist übrigens Augenarzt. Ich hatte ihn an demselben Abend nach der Patientin gefragt, die ich zur Brillenbestimmung in seine Ordination empfohlen hatte.

Wie ich bemerke, sind nun fast sämtliche Stücke des Trauminhaltes in den neuen Zusammenhang gebracht. Ich könnte aber konsequenter Weise noch fragen, warum im Traume gerade Spinat aufgetischt wird? Weil Spinat an eine kleine Szene erinnert, die kürzlich an unserem Familientisch vorfiel, als ein Kind — gerade jenes, dem man die schönen Augen wirklich nachrühmen kann — sich weigerte, Spinat zu essen. Ich selbst benahm mich als Kind ebenso; Spinat war mir lange Zeit ein Abscheu, bis sich mein Geschmack später änderte und dieses Gemüse zur Lieblingsspeise erhob. Die Erwähnung dieses Gerichts stellt so eine Annäherung her zwischen meiner Jugend und der meines Kindes. »Sei froh, daß du Spinat hast«, hatte die Mutter dem kleinen Feinschmecker zugerufen. »Es gibt Kinder, die mit Spinat sehr zufrieden wären.« Ich werde so an die Pflichten der Eltern gegen ihre Kinder erinnert. Die Goetheschen Worte:

»Ihr führt ins Leben uns hinein,
Ihr laßt den Armen schuldig werden«

zeigen in diesem Zusammenhange einen neuen Sinn.

Ich werde hier haltmachen, um die bisherigen Ergebnisse der Traumanalyse zu überblicken. Indem ich den Assoziationen folgte, welche sich an die einzelnen, aus ihrem Zusammenhang gerissenen Elemente des Traumes anknüpften, bin ich zu einer Reihe von Gedanken und Erinnerungen gelangt, in denen ich wertvolle Äußerungen meines Seelenlebens erkennen muß. Dieses durch die Analyse des Traumes gefundene Material steht in einer innigen Beziehung zum Trauminhalt, doch ist diese Beziehung von der Art, daß ich das neu Gefundene niemals aus dem Trauminhalt hätte erschließen können. Der Traum war affektlos, unzusammenhängend und unverständlich; während ich die Gedanken hinter dem Traum entwickle, verspüre ich intensive und gut begründete Affektregungen; die Gedanken selbst fügen sich ausgezeichnet zu logisch verbundenen Ketten zusammen, in denen gewisse Vorstellungen als zentrale wiederholt vorkommen. Solche im Traum selbst nicht vertretene Vorstellungen sind in unserem Beispiel die Gegensätze von eigennützig–uneigennützig, die Elemente schuldig sein und umsonst tun. Ich könnte in dem Gewebe, welches sich der Analyse enthüllt, die Fäden fester anziehen und würde dann zeigen können, daß sie zu einem einzigen Knoten zusammenlaufen, aber Rücksichten nicht wissenschaftlicher, sondern privater Natur hindern mich, diese Arbeit öffentlich zu tun. Ich müßte zu vielerlei verraten, was besser mein Geheimnis bleibt, nachdem ich auf dem Wege zu dieser Lösung mir allerlei klar gemacht, was ich mir selbst ungern eingestehe. Warum ich aber nicht lieber einen anderen Traum wählte, dessen Analyse sich zur Mitteilung besser eignet, so daß ich eine bessere Überzeugung für den Sinn und Zusammenhang des durch Analyse aufgefundenen Materials erwecken kann? Die Antwort lautet, weil jeder Traum, mit dem ich mich beschäftigen will, zu denselben schwer mitteilbaren Dingen führen und mich in die gleiche Nötigung zur Diskretion versetzen wird. Ebensowenig würde ich diese Schwierigkeit vermeiden, wenn ich den Traum eines anderen zur Analyse brächte, es sei denn, daß die Verhältnisse gestatteten, ohne Schaden für den mir Vertrauenden alle Verschleierungen fallen zu lassen.

Die Auffassung, die sich mir schon jetzt aufdrängt, geht dahin, daß der Traum eine Art Ersatz ist für jene affektvollen und sinnreichen Gedankengänge, zu denen ich nach vollendeter Analyse gelangt bin. Ich kenne den Prozeß noch nicht, welcher aus diesen Gedanken den Traum hat entstehen lassen, aber ich sehe ein, daß es Unrecht ist, diesen als einen rein körperlichen, psychisch bedeutungslosen Vorgang hinzustellen, der durch die isolierte Tätigkeit einzelner, aus dem Schlaf geweckter Hirnzellgruppen entstanden ist.

Zweierlei merke ich noch an: daß der Trauminhalt sehr viel kürzer ist als die Gedanken, für deren Ersatz ich ihn erkläre, und daß die Analyse eine unwichtige Begebenheit des Abends vor dem Träumen als den Traumerreger aufgedeckt hat.

Ich werde einen so weitreichenden Schluß natürlich nicht ziehen, wenn mir erst eine einzige Traumanalyse vorliegt. Wenn mir aber die Erfahrung gezeigt hat, daß ich durch kritiklose Verfolgung der Assoziationen von jedem Traum aus zu einer solchen Kette von Gedanken gelangen kann, unter deren Elementen die Traumbestandteile wiederkehren, und die unter sich korrekt und sinnreich verknüpft sind, so wird die geringe Erwartung, daß die das erstemal bemerkten Zusammenhänge sich als Zufall herausstellen könnten, wohl aufgegeben werden. Ich halte mich dann für berechtigt, die neue Einsicht durch Namengebung zu fixieren. Den Traum, wie er mir in der Erinnerung vorliegt, stelle ich dem durch Analyse gefundenen zugehörigen Material gegenüber, nenne den ersteren den manifesten Trauminhalt, das letztere – zunächst ohne weitere Scheidung – den latenten Trauminhalt. Ich stehe dann vor zwei neuen, bisher nicht formulierten Problemen: 1) welches der psychische Vorgang ist, der den latenten Trauminhalt in den mir aus der Erinnerung bekannten, manifesten, übergeführt hat; 2) welches das Motiv oder die Motive sind, die solche Übersetzung erfordert haben. Den Vorgang der Verwandlung vom latenten zum manifesten Trauminhalt werde ich die Traumarbeit nennen. Das Gegenstück zu dieser Arbeit, welches die entgegengesetzte Umwandlung leistet, kenne ich bereits als Analysenarbeit. Die anderen Traumprobleme, die Fragen nach den Traumerregern, nach der Herkunft des Traummaterials, nach dem etwaigen Sinn des Traumes und Funktion des Träumens, und nach den Gründen des Traumvergessens werde ich nicht am manifesten, sondern am neugewonnenen latenten Trauminhalt erörtern. Da ich alle widersprechenden wie alle unrichtigen Angaben über das Traumleben in der Literatur auf die Unkenntnis des erst durch Analyse zu enthüllenden latenten Trauminhaltes zurückführe, werde ich eine Verwechslung des manifesten Traumes mit dem latenten Traumgedanken fortan aufs sorgfältigste zu vermeiden suchen.

III

Die Verwandlung der latenten Traumgedanken in den manifesten Trauminhalt verdient unsere volle Aufmerksamkeit als das zuerst bekannt gewordene Beispiel von Umsetzung eines psychischen Materials aus der einen Ausdrucksweise in die andere, aus einer Ausdrucksweise, die uns ohne weiteres verständlich ist, in eine andere, zu deren Verständnis wir erst durch Anleitung und Bemühung vordringen können, obwohl auch sie als Leistung unserer Seelentätigkeit anerkannt werden muß. Mit Rücksicht auf das Verhältnis von latentem zu manifestem Trauminhalt lassen sich die Träume in drei Kategorien bringen. Wir können erstens solche Träume unterscheiden, die sinnvoll und gleichzeitig verständlich sind, d. h. eine Einreihung in unser seelisches Leben ohne weiteren Anstoß zulassen. Solcher Träume gibt es viele; sie sind meist kurz und erscheinen uns im allgemeinen wenig bemerkenswert, weil alles Erstaunen oder Befremden Erregende ihnen abgeht. Ihr Vorkommen ist übrigens ein starkes Argument gegen die Lehre, welche den Traum durch isolierte Tätigkeit einzelner Hirnzellgruppen entstehen läßt; es fehlen ihnen alle Kennzeichen herabgesetzter oder zerstückelter psychischer Tätigkeit, und doch erheben wir gegen ihren Charakter als Träume niemals einen Einspruch und verwechseln sie nicht mit den Produkten des Wachens. Eine zweite Gruppe bilden jene Träume, die zwar in sich zusammen-

hängend sind und einen klaren Sinn haben, aber befremdend wirken, weil wir diesen Sinn in unserem Seelenleben nicht unterzubringen wissen. Solch ein Fall ist es, wenn wir z. B. träumen, daß ein lieber Verwandter an der Pest gestorben ist, während wir keinen Grund zu solcher Erwartung, Besorgnis oder Annahme kennen und uns verwundert fragen: wie komme ich zu dieser Idee? In die dritte Gruppe gehören endlich jene Träume, denen bereits abgeht, Sinn und Verständlichkeit, die unzusammenhängend, verworren und sinnlos erscheinen. Die überwiegende Mehrzahl der Produkte unseres Träumens zeigt diese Charaktere, welche die Geringschätzung der Träume und die ärztliche Theorie von der eingeschränkten Seelentätigkeit begründet haben. Zumal in den längeren und komplizierteren Traumkompositionen vermißt man nur selten die deutlichsten Zeichen der Inkohärenz.
Der Gegensatz von manifestem und latentem Trauminhalt hat offenbar nur für die Träume der zweiten, und noch eigentlicher für die der dritten Kategorie Bedeutung. Hier finden sich die Rätsel vor, die erst verschwinden, wenn man den manifesten Traum durch den latenten Gedankeninhalt ersetzt, und an einem Beispiel dieser Art, an einem verworrenen und unverständlichen Traum, haben wir auch die voranstehende Analyse ausgeführt. Wir sind aber wider unser Erwarten auf Motive gestoßen, die uns eine vollständige Kenntnisnahme der latenten Traumgedanken verwehrten, und durch die Wiederholung der gleichen Erfahrung dürften wir zur Vermutung geführt werden, daß zwischen dem unverständlichen und verworrenen Charakter des Traumes und den Schwierigkeiten bei der Mitteilung der Traumgedanken ein intimer und gesetzmäßiger Zusammenhang besteht. Ehe wir die Natur dieses Zusammenhanges erforschen, werden wir mit Vorteil unser Interesse den leichter verständlichen Träumen der ersten Kategorie zuwenden, in denen manifester und latenter Inhalt zusammenfallen, die Traumarbeit also erspart scheint.
Die Untersuchung dieser Träume empfiehlt sich noch von einem anderen Gesichtspunkte aus. Die Träume der Kinder sind nämlich von solcher Art, also sinnvoll und nicht befremdend, was, nebenbei bemerkt, einen neuen Einspruch gegen die Zurückführung des Traumes auf dissoziierte Hirntätigkeit im Schlafe abgibt, denn warum sollte wohl solche Herabsetzung der psychischen Funktionen beim Erwachsenen zu den Charakteren des Schlafzustandes gehören, beim Kinde aber nicht? Wir dürfen uns aber mit vollem Recht der Erwartung hingeben, daß die Aufklärung psychischer Vorgänge beim Kinde, wo sie wesentlich vereinfacht sein mögen, sich als eine unerläßliche Vorarbeit für die Psychologie des Erwachsenen erweisen wird.

Ich werde also einige Beispiele von Träumen mitteilen, die ich von Kindern gesammelt habe: Ein Mädchen von 19 Monaten wird über einen Tag nüchtern erhalten, weil sie am Morgen erbrochen und sich nach Aussage der Kinderfrau an Erdbeeren verdorben hat. In der Nacht nach diesem Hungertag hört man sie aus dem Schlafe ihren Namen nennen und dazusetzen: *»Er(d)beer, Hochbeer, Eier(s)peis, Papp.«* Sie träumt also, daß sie ißt, und hebt aus ihrem Menü gerade das hervor, was ihr die nächste Zeit, wie sie vermutet, karg zugemessen bleiben wird. — Ähnlich träumt von einem versagten Genuß ein 22monatiger Knabe, der tags zuvor seinem Onkel ein Körbchen mit frischen Kirschen hatte als Geschenk anbieten müssen, von denen er natürlich nur eine Probe kosten durfte. Er erwacht mit der freudigen Mitteilung: *He(r)mann alle Kirschen aufgessen.* — Ein $3^{1}/_{4}$jähriges Mädchen hatte am Tage eine Fahrt über den See gemacht, die ihr nicht lange genug gedauert hatte, denn sie weinte, als sie aussteigen sollte. Am Morgen darauf erzählte sie, daß sie in der Nacht auf dem See gefahren, die unterbrochene Fahrt also fortgesetzt habe. — Ein $5^{1}/_{4}$jähriger Knabe schien von einer Fußpartie in der Dachsteingegend wenig befriedigt; er erkundigte sich, so oft ein neuer Berg in Sicht kam, ob das der Dachstein sei, und weigerte sich dann, den Weg zum Wasserfall mitzumachen. Sein Benehmen wurde auf Müdigkeit geschoben, erklärte sich aber besser, als er am nächsten Morgen seinen Traum erzählte, *er sei auf den Dachstein gestiegen.* Er hatte offenbar erwartet, die Dachsteinbesteigung werde das Ziel des Ausfluges sein, und war verstimmt worden, als er den ersehnten Berg nicht zu Gesicht bekam. Im Traum holte er nach, was der Tag ihm nicht gebracht hatte. — Ganz ähnlich benahm sich der Traum eines sechsjährigen Mädchens, dessen Vater einen Spaziergang vor dem erreichten Ziele wegen vorgerückter Stunde abgebrochen hatte. Auf dem Rückweg war ihr eine Wegtafel aufgefallen, die einen anderen Ausflugsort nannte, und der Vater hatte versprochen, sie ein andermal auch dorthin zu führen. Sie empfing den Vater am nächsten Morgen mit der Mitteilung, sie habe geträumt, *der Vater sei mit ihr an dem einen wie an dem anderen Ort gewesen.*

Das Gemeinsame dieser Kinderträume ist augenfällig. Sie erfüllen sämtlich Wünsche, die am Tage rege gemacht und unerfüllt geblieben sind. Sie sind *einfache und unverhüllte Wunscherfüllungen.*

Nichts anderes als eine Wunscherfüllung ist auch folgender, auf den ersten Eindruck nicht ganz verständlicher Kindertraum. Ein nicht vierjähriges Mädchen war einer poliomyelitischen Affektion wegen vom Lande in die Stadt gebracht worden und übernachtete bei einer kinderlosen Tante in einem großen — für sie natürlich übergroßen — Bette. Am nächsten Morgen berichtete sie, daß sie geträumt, das Bett sei ihr viel zu klein gewesen, so daß sie in ihm keinen Platz gefunden. Die Lösung dieses Traumes als Wunschtraum ergibt sich leicht, wenn man sich erinnert, daß »Großsein« ein häufig auch geäußerter Wunsch der Kinder ist. Die Größe des Bettes mahnte das kleine Gernegroß allzu nachdrücklich an seine Kleinheit; darum korrigierte es im Traume das ihm unliebsame Verhältnis und wurde nun so groß, daß ihm das große Bett noch zu klein war. Auch wenn der Inhalt der Kinderträume sich kompliziert und verfeinert, liegt die Auffassung als Wunscherfüllung jedesmal sehr nahe. Ein achtjähriger Knabe träumte, daß er mit Achilleus im Streitwagen gefahren, den Diomedes lenkte. Er hat sich nachweisbar tags vorher in die Lektüre griechischer Heldensagen versenkt; es ist leicht zu konstatieren, daß er sich diese Helden zu Vorbildern genommen und bedauert hat, nicht in ihrer Zeit zu leben. Aus dieser kleinen Sammlung erhellt ohne weiteres ein zweiter Charakter der Kinderträume, ihr Zusammenhang mit dem Tagesleben. Die Wünsche, die sich in ihnen erfüllen, sind vom Tage, in der Regel vom Vortage, erübrigt und sind im Wachdenken mit intensiver Gefühlsbetonung ausgestattet gewesen. Unwesentliches und Gleichgültiges, oder was dem Kinde so erscheinen muß, hat im Trauminhalt keine Aufnahme gefunden.

Auch bei Erwachsenen kann man zahlreiche Beispiele solcher Träume von infantilem Typus sammeln, die aber, wie erwähnt, meist knapp an Inhalt sind. So beantwortet eine Reihe von Personen einen nächtlichen Durstreiz regelmäßig mit dem Traume zu trinken, der also den Reiz fortzuschaffen und den Schlaf fortzusetzen strebt. Bei manchen Menschen findet man solche Bequemlichkeitsträume häufig vor dem Erwachen, wenn die Aufforderung aufzustehen an sie herantritt. Sie träumen dann, daß sie schon aufgestanden sind, beim Waschtisch stehen oder sich bereits in der Schule, im Bureau u. dgl. befinden, wo sie zur bestimmten Zeit sein sollten. In der Nacht vor einer beabsichtigten Reise träumt man nicht selten, daß man am Bestimmungsorte angekommen ist; vor einer Theatervorstellung, einer Gesellschaft antizipiert der Traum nicht selten — gleichsam ungeduldig — das erwartete Vergnügen. Andere Male drückt der Traum die Wunscherfüllung um eine Stufe indirekter aus; es bedarf noch der Herstellung einer Beziehung, einer Folgerung, also eines Beginnes von Deutungsarbeit, um die Wunscherfüllung zu erkennen. So z. B. wenn mir ein Mann den Traum seiner jungen Frau erzählt, daß sich bei ihr die Periode eingestellt habe. Ich muß daran denken, daß die junge Frau einer Gravidität entgegensieht, wenn ihr die Periode ausbleibt. Dann ist die Mitteilung des Traumes eine Graviditätsanzeige, und sein Sinn ist, daß er den Wunsch erfüllt zeigt, die Gravidität möge doch noch eine

Weile ausbleiben. Unter ungewöhnlichen und extremen Verhältnissen werden solche Träume von infantilem Charakter besonders häufig. Der Leiter einer Polarexpedition berichtet z. B., daß seine Mannschaft während der Überwinterung im Eise bei monotoner Kost und schmalen Rationen regelmäßig wie die Kinder von großen Mahlzeiten träumte, von Bergen von Tabak und vom Zuhausesein.

Gar nicht selten hebt sich aus einem längeren, komplizierten und im ganzen verworrenen Traum ein besonders klares Stück hervor, das eine unverkennbare Wunscherfüllung enthält, aber mit anderem, unverständlichem Material verlötet ist. Versucht man häufiger, auch die anscheinend undurchsichtigen Träume Erwachsener zu analysieren, so erfährt man zu seiner Verwunderung, daß diese selten so einfach sind wie die Kinderträume, und daß sie etwa hinter der einen Wunscherfüllung noch anderen Sinn verbergen.

Es wäre nun gewiß eine einfache und befriedigende Lösung der Traumrätsel, wenn etwa die Analysenarbeit uns ermöglichen sollte, auch die sinnlosen und verworrenen Träume Erwachsener auf den infantilen Typus der Erfüllung eines intensiv empfundenen Wunsches vom Tage zurückzuführen. Der Anschein spricht gewiß nicht für diese Erwartung. Die Träume sind meist voll des gleichgültigsten und fremdartigsten Materials, und von Wunscherfüllungen ist in ihrem Inhalt nichts zu merken.

Ehe wir aber die infantilen Träume, die unverhüllte Wunscherfüllungen sind, verlassen, wollen wir nicht versäumen, einen längst bemerkten Hauptcharakter des Traumes zu erwähnen, der gerade in dieser Gruppe am reinsten hervortritt. Ich kann jeden dieser Träume durch einen Wunschsatz ersetzen: Oh, hätte die Fahrt auf dem See doch länger gedauert; – wäre ich doch schon gewaschen und angezogen; – hätte ich doch die Kirschen behalten dürfen, anstatt sie dem Onkel zu geben; aber der Traum gibt mehr als diesen Optativ. Er zeigt den Wunsch als bereits erfüllt, stellt diese Erfüllung als real und gegenwärtig dar, und das Material der Traumdarstellung besteht vorwiegend – wenn auch nicht ausschließlich – aus Situationen und meist visuellen Sinnesbildern. Auch in dieser Gruppe wird also eine Art Umwandlung – die man als Traumarbeit bezeichnen darf – nicht völlig vermißt: Ein im Optativ stehender Gedanke ist durch eine Anschauung im Präsens ersetzt.

IV

Wir werden geneigt sein anzunehmen, daß eine solche Umsetzung in eine Situation auch bei den verworrenen Träumen stattgefunden hat, wiewohl wir nicht wissen können, ob sie auch

hier einen Optativ betraf. Das eingangs mitgeteilte Traumbeispiel, in dessen Analyse wir ein Stück weit eingegangen sind, gibt uns allerdings an zwei Stellen Anlaß, etwas Derartiges zu vermuten. Es kommt in der Analyse vor, daß meine Frau sich an der Tafel mit anderen beschäftigt, was ich als unangenehm empfinde; der Traum enthält davon das genaue Gegenteil, daß die Person, die meine Frau ersetzt, sich ganz mir zuwendet. Zu welchem Wunsch kann aber ein unangenehmes Erlebnis besser Anlaß geben, als zu dem, daß sich das Gegenteil davon ereignet haben sollte, wie es der Traum als vollzogen enthält? In ganz ähnlichem Verhältnis steht der bittere Gedanke in der Analyse, daß ich nichts umsonst gehabt habe, zu der Rede der Frau im Traum: Sie haben ja immer so schöne Augen gehabt. Ein Teil der Gegensätzlichkeiten zwischen manifestem und latentem Trauminhalt dürfte sich also auf Wunscherfüllung zurückführen lassen.
Augenfälliger ist aber eine andere Leistung der Traumarbeit, durch welche die inkohärenten Träume zustande kommen. Vergleicht man an einem beliebigen Beispiel die Zahl der Vorstellungselemente oder den Umfang der Niederschrift beim Traum und bei den Traumgedanken, zu denen die Analyse führt, und von denen man eine Spur im Traume wiederfindet, so kann man nicht bezweifeln, daß die Traumarbeit hier eine großartige Zusammendrängung oder Verdichtung zustande gebracht hat. Über das Ausmaß dieser Verdichtung kann man sich zunächst ein Urteil nicht bilden; sie imponiert aber um so mehr, je tiefer man in die Traumanalyse eingedrungen ist. Da findet man dann kein Element des Trauminhaltes, von dem die Assoziationsfäden nicht nach zwei oder mehr Richtungen auseinandergingen, keine Situation, die nicht aus zwei oder mehr Eindrücken und Erlebnissen zusammengestückelt wäre. Ich träumte z. B. einmal von einer Art Schwimmbassin, in dem die Badenden nach allen Richtungen auseinanderfuhren; an einer Stelle des Randes stand eine Person, die sich zu einer badenden Person neigte, wie um sie herauszuziehen. Die Situation war zusammengesetzt aus der Erinnerung an ein Erlebnis der Pubertätszeit und aus zwei Bildern, von denen ich eines kurz vor dem Traum gesehen hatte. Die zwei Bilder waren das der Überraschung im Bade aus dem Schwindschen Zyklus Melusine (siehe die auseinanderfahrenden Badenden) und ein Sintflutbild eines italienischen Meisters. Das kleine Erlebnis aber hatte darin bestanden, daß ich zusehen konnte, wie in der Schwimmschule der Bademeister einer Dame aus dem Wasser half, die sich bis zum Eintritt der Herrenstunde verspätet hatte. – Die Situation in dem zur Analyse gewählten Beispiel leitet mich bei der Analyse auf eine kleine Reihe von Erinnerungen, von denen jede zum Trauminhalt etwas beigesteuert hat. Zunächst ist es die kleine Szene aus der Zeit meiner Werbung, von der ich bereits gesprochen; ein

Händedruck unter dem Tisch, der damals vorfiel, hat für den Traum das Detail »unter dem Tisch«, das ich der Erinnerung nachträglich einfügen muß, geliefert. Von »Zuwendung« war natürlich damals keine Rede; ich weiß aus der Analyse, daß dieses Element die Wunscherfüllung durch Gegensatz ist, die zum Benehmen meiner Frau an der Table d'hôte gehört. Hinter dieser rezenten Erinnerung verbirgt sich aber eine ganz ähnliche und viel bedeutsamere Szene aus unserer Verlobungszeit, die uns für einen ganzen Tag entzweite. Die Vertraulichkeit, die Hand auf das Knie zu legen, gehört in einen ganz verschiedenen Zusammenhang und zu ganz anderen Personen. Dieses Traumelement wird selbst wieder zum Ausgangspunkt zweier besonderer Erinnerungsreihen usw.

Das Material aus den Traumgedanken, welches zur Bildung der Traumsituation zusammengeschoben wird, muß natürlich für diese Verwendung von vornherein brauchbar sein. Es bedarf hiezu eines — oder mehrerer — in allen Komponenten vorhandenen G e m e i n s a m e n. Die Traumarbeit verfährt dann wie F r a n c i s G a l t o n bei der Herstellung seiner Familienphotographien. Sie bringt die verschiedenen Komponenten wie übereinander gelegt zur Deckung; dann tritt das Gemeinsame im Gesamtbild deutlich hervor, die widersprechenden Details löschen einander nahezu aus. Dieser Herstellungsprozeß erklärt auch zum Teil die schwankenden Bestimmungen von eigentümlicher Verschwommenheit so vieler Elemente des Trauminhalts. Die Traumdeutung spricht, auf dieser Einsicht fußend, folgende Regel aus: Wo sich bei der Analyse eine U n b e s t i m m t h e i t noch in ein e n t w e d e r — o d e r auflösen läßt, da ersetze man dies für die Deutung durch ein »u n d« und nehme jedes Glied der scheinbaren Alternative zum unabhängigen Ausgang einer Reihe von Einfällen.

Wo solche G e m e i n s a m e zwischen den Traumgedanken nicht vorhanden sind, da bemüht sich die Traumarbeit s o l c h e z u s c h a f f e n, um die gemeinsame Darstellung im Traume zu ermöglichen. Der bequemste Weg, um zwei Traumgedanken, die noch nichts Gemeinsames haben, einander näher zu bringen, besteht in der Veränderung des sprachlichen Ausdrucks für den einen, wobei ihm etwa noch der andere durch eine entsprechende Umgießung in einen anderen Ausdruck entgegenkommt. Es ist das ein ähnlicher Vorgang wie beim Reimeschmieden, wobei der Gleichklang das gesuchte Gemeinsame ersetzt. Ein gutes Stück der Traumarbeit besteht in der Schöpfung solcher häufig sehr witzig, oft aber gezwungen erscheinenden Zwischengedanken, welche von der gemeinsamen Darstellung im Trauminhalt bis zu den nach Form und Wesen verschiedenen, durch die Traumanlässe motivierten Traumgedanken reichen. Auch in der Analyse unseres Traumbeispiels finde ich einen derartigen Fall von Umformung eines Gedankens zum Zwecke des Zusammentreffens mit einem anderen, ihm wesensfremden. Bei der Fortsetzung der Analyse stoße ich nämlich auf den Gedanken: Ich möchte auch einmal etwas umsonst haben; aber diese Form ist für den Trauminhalt nicht brauchbar. Sie wird darum durch eine neue ersetzt: Ich möchte gerne etwas genießen ohne »Kosten« zu haben. Das Wort Kosten paßt nun mit seiner zweiten Bedeutung in den Vorstellungskreis der Table d'hôte und kann seine Darstellung durch den im Traum aufgetischten Spinat finden. Wenn bei uns eine Speise zu Tisch kommt, welche von den Kindern abgelehnt wird, so versucht es die Mutter wohl zuerst mit Milde und fordert von den Kindern: Nur ein bißchen kosten. Daß die Traumarbeit die Zweideutigkeit der Worte so unbedenklich ausnützt, erscheint zwar sonderbar, stellt sich aber bei reicherer Erfahrung als ein ganz gewöhnliches Vorkommnis heraus.

Durch die Verdichtungsarbeit des Traumes erklären sich auch gewisse Bestandteile seines Inhaltes, die nur ihm eigentümlich sind und im wachen Vorstellen nicht gefunden werden. Es sind dies die Sammel- und Mischpersonen und die sonderbaren Mischgebilde, Schöpfungen, den Tierkompositionen orientalischer Völkerphantasie vergleichbar, die aber in unserem Denken bereits zu Einheiten erstarrt sind, während die Traumkompositionen in unerschöpflichem Reichtum immer neu gebildet werden. Jeder kennt solche Gebilde aus seinen eigenen Träumen; die Weisen ihrer Herstellung sind sehr mannigfaltig. Ich kann eine Person zusammensetzen, indem ich ihr Züge von der einen und von der anderen verleihe, oder indem ich ihr die Gestalt der einen gebe und dabei im Traum den Namen der anderen denke, oder ich kann die eine Person visuell vorstellen, sie aber in eine Situation versetzen, die sich mit der andern ereignet hat. In all diesen Fällen ist die Zusammenziehung verschiedener Personen zu einem einzigen Vertreter im Trauminhalt sinnvoll, sie soll ein »und«, »gleichwie«, eine Gleichstellung der originalen Personen in einer gewissen Hinsicht bedeuten, die auch im Traum selbst erwähnt sein kann. In der Regel aber ist diese Gemeinsamkeit der verschmolzenen Personen erst durch die Analyse aufzusuchen und wird im Trauminhalt eben bloß durch die Bildung der Sammelperson angedeutet.

Dieselbe Mannigfaltigkeit der Herstellungsweise und die nämliche Regel bei der Auflösung gilt auch für die unermeßlich reichhaltigen Mischgebilde des Trauminhaltes, von denen ich Beispiele wohl nicht anzuführen brauche. Ihre Sonderbarkeit verschwindet ganz, wenn wir uns entschließen, sie nicht in eine Reihe mit den Objekten der Wahrnehmung im Wachen zu stellen, sondern uns erinnern, daß sie eine Leistung der Traumverdichtung darstellen und in treffender Abkürzung einen gemeinsamen Charakter der so kombinierten Objekte hervorheben. Die Gemeinsamkeit ist auch hier meist aus der Analyse einzusetzen. Der Trauminhalt sagt gleichsam nur aus: Alle diese Dinge haben ein X gemeinsam. Diese Zersetzung solcher Mischgebilde durch die Analyse führt oft auf dem kürzesten Weg zur Bedeutung des Traumes. So träumte ich einmal, daß ich mit einem meiner früheren Universitätslehrer in einer Bank sitze, die mitten unter anderen Bänken eine rasch fortschreitende Bewegung erfährt. Es war dies eine Kombination von Hörsaal und Trottoir roulant. Die weitere Verfolgung des Gedankens übergehe ich. — Ein andermal sitze ich im Waggon und halte auf dem Schoß einen Gegenstand in Form eines Zylinderhutes, der aber aus durchsichtigem Glas besteht. Die Situation läßt mir sofort das Sprichwort einfallen: Mit dem Hute in der Hand kommt man durchs ganze Land. Der Glaszylinder erinnert auf kurzen Umwegen an das Auersche Licht, und ich weiß bald, daß ich eine Erfindung machen möchte, die mich so reich und unabhängig werden läßt wie meinen Landsmann, den Dr. Auer von Welsbach, die seinige, und daß ich dann Reisen machen will, anstatt in Wien zu bleiben. Im Traume reise ich mit meiner Erfindung — dem allerdings noch nicht gebräuchlichen Hutzylinder aus Glas. — Ganz besonders liebt es die Traumarbeit, zwei in gegensätzlicher Beziehung stehende Vorstellungen durch das nämliche Mischgebilde darzustellen, so z. B. wenn eine Frau sich im Traume, einen hohen Blumenstengel tragend, sieht, wie der Engel auf den Bildern von Mariä Verkündigung dargestellt wird (Unschuld — Marie ist ihr eigener Name), der Stengel aber mit dicken, weißen Blüten besetzt ist, die Kamelien gleichen (Gegensatz zu Unschuld: Kameliendame).

Ein gutes Stück dessen, was wir über die Traumverdichtung erfahren haben, läßt sich in der Formel zusammenfassen: Jedes der Elemente des Trauminhaltes ist durch das Material der Traumgedanken überdeterminiert, führt seine Abstammung nicht auf ein einzelnes Element der Traumgedanken, sondern auf eine ganze Reihe von solchen zurück, die einander in den Traumgedanken keineswegs nahe stehen müssen, sondern den verschiedensten Bezirken des Gedankengewebes angehören können. Das Traumelement ist im richtigen Sinne die Vertretung im Trauminhalt für all dies disparate Material. Die Analyse deckt aber noch eine andere Seite der zusammengesetzten Beziehungen zwischen Trauminhalt und Traumgedanken auf. So wie von jedem Traumelement Verbindungen zu mehreren Traumgedanken führen, so ist auch in der Regel ein Traumgedanke durch mehr als ein Traumelement vertreten; die Assoziationsfäden konvergieren nicht einfach von den Traumgedanken bis zum Trauminhalt, sondern überkreuzen und durchweben sich vielfach unterwegs.

Neben der Verwandlung eines Gedankens in eine Situation (der »Dramatisierung«) ist die Verdichtung der wichtigste und eigentümlichste Charakter der Traumarbeit. Von einem Motiv, welches zu solcher Zusammendrängung des Inhalts nötigen würde, ist uns aber zunächst nichts enthüllt worden.

V

Bei den komplizierten und verworrenen Träumen, die uns jetzt beschäftigen, läßt sich nicht der ganze Eindruck von Unähnlichkeit zwischen Trauminhalt und Traumgedanken auf Verdichtung und Dramatisierung zurückführen. Es liegen Zeugnisse für die Wirksamkeit eines dritten Faktors vor, die einer sorgfältigen Sammlung würdig sind.

Ich merke vor allem, wenn ich durch Analyse zur Kenntnis der Traumgedanken gelangt bin, daß der manifeste Trauminhalt ganz andere Stoffe behandelt als der latente. Dies ist freilich nur ein Schein, der sich bei genauerer Untersuchung verflüchtigt, denn schließlich finde ich allen Trauminhalt in den Traumgedanken ausgeführt, fast alle Traumgedanken durch den Trauminhalt vertreten wieder. Aber es bleibt von der Verschiedenheit doch etwas bestehen. Was in dem Traum breit und deutlich als der wesentliche Inhalt hingestellt war, das muß sich nach der Analyse mit einer höchst untergeordneten Rolle unter den Traumgedanken begnügen, und was nach der Aussage meiner Gefühle unter den Traumgedanken auf die größte Beachtung Anspruch hat, dessen Vorstellungsmaterial findet sich im Trauminhalt entweder gar nicht vor oder ist durch eine entfernte Anspielung in einer undeutlichen Region des Traumes vertreten. Ich kann diese Tatsache so beschreiben: *Während der Traumarbeit übergeht die psychische Intensität von den Gedanken und Vorstellungen, denen sie berechtigterweise zukommt, auf andere, die nach meinem Urteil keinen Anspruch auf solche Betonung haben.* Kein anderer Vorgang trägt soviel dazu bei, um den Sinn des Traumes zu verbergen und mir den Zusammenhang von Trauminhalt und Traumgedanken unkenntlich zu machen. Während dieses Vorganges, den ich die *Traumverschiebung* nennen will, sehe ich auch die psychische Intensität, Bedeutsamkeit oder Affektivität von Gedanken sich in sinnliche Lebhaftigkeit umsetzen. Das Deutlichste im Trauminhalt erscheint mir ohne weiteres als das Wichtigste; gerade in einem undeutlichen Traumelement kann ich aber oft den direktesten Abkömmling des wesentlichen Traumgedankens erkennen.

Was ich Traumverschiebung genannt habe, könnte ich auch als

Umwertung der psychischen Wertigkeiten bezeichnen. Ich habe aber das Phänomen nicht erschöpfend gewürdigt, wenn ich nicht hinzufüge, daß diese Verschiebungs- oder Umwertungsarbeit an den einzelnen Träumen mit einem sehr wechselnden Betrag beteiligt ist. Es gibt Träume, die fast ohne jede Verschiebung zustande gekommen sind. Diese sind gleichzeitig die sinnvollen und verständlichen, wie wir z. B. die unverhüllten Wunschträume kennen gelernt haben. In anderen Träumen hat nicht mehr ein Stück der Traumgedanken den ihm eigenen psychischen Wert behalten, oder zeigt sich alles Wesentliche aus den Traumgedanken durch Nebensächliches ersetzt, und dazwischen läßt sich die vollständigste Reihe von Übergängen erkennen. Je dunkler und verworrener ein Traum ist, desto größeren Anteil darf man dem Moment der Verschiebung an seiner Bildung zuschreiben.

Unser zur Analyse gewähltes Beispiel zeigt wenigstens soviel von Verschiebung, daß sein Inhalt anders zentriert erscheint als die Traumgedanken. In den Vordergrund des Trauminhaltes drängt sich eine Situation, als ob eine Frau mir Avancen machen würde; das Hauptgewicht in den Traumgedanken ruht auf dem Wunsche, einmal uneigennützige Liebe, die »nichts kostet«, zu genießen, und diese Idee ist hinter der Redensart von den schönen Augen und der entlegenen Anspielung »Spinat« versteckt.

Wenn wir durch die Analyse die Traumverschiebung rückgängig machen, gelangen wir zu vollkommen sicher lautenden Auskünften über zwei vielumstrittene Traumprobleme, über die Traumerreger und über den Zusammenhang des Traumes mit dem Wachleben. Es gibt Träume, die ihre Anknüpfung an die Erlebnisse des Tages unmittelbar verraten; in anderen ist von solcher Beziehung keine Spur zu entdecken. Nimmt man dann die Analyse zu Hilfe, so kann man zeigen, daß jeder Traum ohne mögliche Ausnahme an einen Eindruck der letzten Tage — wahrscheinlich ist es richtiger, zu sagen: des letzten Tages vor dem Traum (des Traumtages) — anknüpft. Der Eindruck, welchem die Rolle des Traumerregers zufällt, kann ein so bedeutsamer sein, daß uns die Beschäftigung mit ihm im Wachen nicht Wunder nimmt, und in diesem Falle sagen wir vom Traume mit Recht aus, er setze die wichtigen Interessen des Wachlebens fort. Gewöhnlich aber, wenn sich in dem Trauminhalt eine Beziehung zu einem Tageseindruck vorfindet, ist dieser so geringfügig, bedeutungslos und des Vergessens würdig, daß wir uns an ihn selbst nicht ohne einige Mühe besinnen können. Der Trauminhalt selbst scheint sich dann, auch wo er zusammenhängend und verständlich ist, mit den gleichgültigsten Lappalien zu beschäftigen, die unseres Interesses im Wachen unwürdig wären. Ein gutes Stück der Mißachtung des Traumes leitet sich von dieser Bevorzugung des Gleichgültigen und Nichtigen im Trauminhalte her.

Die Analyse zerstört den Schein, auf den sich dieses geringschätzige Urteil gründet. Wo der Trauminhalt einen indifferenten Eindruck als Traumerreger in den Vordergrund stellt, da weist die Analyse regelmäßig das bedeutsame, mit Recht aufregende Erlebnis nach, welches sich durch das gleichgültige ersetzt, mit dem es ausgiebige assoziative Verbindungen eingegangen hat. Wo der Trauminhalt bedeutungsloses und uninteressantes Vorstellungsmaterial behandelt, da deckt die Analyse die zahlreichen Verbindungswege auf, mittelst welcher dies Wertlose mit dem Wertvollsten in der psychischen Schätzung des Einzelnen zusammenhängt. *Es sind nur Akte der Verschiebungsarbeit, wenn anstatt des mit Recht erregenden Eindruckes der indifferente, anstatt des mit Recht interessanten Materials das gleichgültige zur Aufnahme in den Trauminhalt gelangen.* Beantwortet man die Fragen nach den Traumerregern und nach dem Zusammenhang des Träumens mit dem täglichen Treiben nach den Einsichten, die man bei der Ersetzung des manifesten Trauminhaltes durch den latenten gewonnen hat, so muß man sagen: *der Traum beschäftigt sich niemals mit Dingen, die uns nicht auch bei Tag zu beschäftigen würdig sind, und Kleinigkeiten, die uns bei Tag nicht anfechten, vermögen es auch nicht, uns in den Schlaf zu verfolgen.*

Welches ist der Traumerreger in dem zur Analyse gewählten Beispiel? Das wirklich bedeutungslose Erlebnis, daß mir ein Freund zu einer *kostenlosen Fahrt im Wagen* verhalf. Die Situation der Table d'hôte im Traum enthält eine Anspielung auf diesen indifferenten Anlaß, denn ich hatte im Gespräch den Taxameterwagen in Parallele zur Table d'hôte gebracht. Ich kann aber auch das bedeutsame Erlebnis angeben, welches sich durch dieses kleinliche vertreten läßt. Wenige Tage vorher hatte ich eine größere Geldausgabe für eine mir teuere Person meiner Familie gemacht. Kein Wunder, heißt es in den Traumgedanken, wenn diese Person mir dafür dankbar wäre, diese Liebe wäre nicht »kostenlos«. Kostenlose Liebe steht aber unter den Traumgedanken im Vordergrunde. Daß ich vor nicht langer Zeit mehrere *Wagenfahrten* mit dem betreffenden Verwandten gemacht, setzt die eine Wagenfahrt mit meinem Freund in den Stand, mich an die Beziehungen zu jener anderen Person zu erinnern. – Der indifferente Eindruck, der durch derartige Verknüpfungen zum Traumerreger wird, unterliegt noch einer Bedingung, die für die wirkliche Traumquelle nicht gilt; er muß jedesmal ein *rezenter* sein, vom Traumtage herrühren.

Ich kann das Thema der Traumverschiebung nicht verlassen,

ohne eines merkwürdigen Vorganges bei der Traumbildung zu gedenken, bei dem Verdichtung und Verschiebung zum Effekt zusammenwirken. Wir haben schon bei der Verdichtung den Fall kennen gelernt, daß sich zwei Vorstellungen in den Traumgedanken, die etwas Gemeinsames, einen Berührungspunkt haben, im Trauminhalt durch eine Mischvorstellung ersetzen, in der ein deutlicherer Kern dem Gemeinsamen, undeutliche Nebenbestimmungen den Besonderheiten der beiden entsprechen. Tritt zu dieser Verdichtung eine Verschiebung hinzu, so kommt es nicht zur Bildung einer Mischvorstellung, sondern eines mittleren Gemeinsamen, das sich ähnlich zu den einzelnen Elementen verhält wie die Resultierende im Kräfteparallelogramm zu ihren Komponenten. Im Inhalt eines meiner Träume ist z. B. von einer Injektion mit Propylen die Rede. In der Analyse gelange ich zunächst nur zu einem indifferenten, als Traumerreger wirksamen Erlebnis, bei welchem Amylen eine Rolle spielt. Die Vertauschung von Amylen mit Propylen kann ich noch nicht rechtfertigen. Zu dem Gedankenkreis desselben Traumes gehört aber auch die Erinnerung an einen ersten Besuch in München, wo mir die Propyläen auffielen. Die näheren Umstände der Analyse legen es nahe anzunehmen, daß die Einwirkung dieses zweiten Vorstellungskreises auf den ersten die Verschiebung von Amylen auf Propylen verschuldet hat. Propylen ist sozusagen die Mittelvorstellung zwischen Amylen und Propyläen und ist darum nach Art eines Kompromisses durch gleichzeitige Verdichtung und Verschiebung in den Trauminhalt gelangt.

Dringender noch als bei der Verdichtung äußert sich hier bei der Verschiebungsarbeit das Bedürfnis, ein Motiv für diese rätselhaften Bemühungen der Traumarbeit aufzufinden.

VI

Ist es hauptsächlich der Verschiebungsarbeit zur Last zu legen, wenn man die Traumgedanken im Trauminhalt nicht wiederfindet oder nicht wiedererkennt – ohne daß man das Motiv solcher Entstellung errät, – so führt eine andere und gelinderte Art der Umwandlung, welche mit den Traumgedanken vorgenommen wird, zur Aufdeckung einer neuen, aber leichtverständlichen Leistung der Traumarbeit. Die nächsten Traumgedanken, welche man durch die Analyse entwickelt, fallen nämlich häufig durch ihre ungewöhnliche Einkleidung auf, sie scheinen nicht in den nüchternen sprachlichen Formen gegeben, deren sich unser Denken am liebsten bedient, sondern sind vielmehr in symbolischer Weise durch Gleichnisse und Metaphern, wie in bilderreicher Dichtersprache, dargestellt. Es ist nicht schwierig, für diesen Grad von Gebundenheit im Ausdruck der Traumgedanken die Motivierung zu finden. Der Trauminhalt besteht zumeist aus anschaulichen Situationen; die Traumgedanken müssen also vorerst eine Zurichtung erfahren, welche sie für diese Darstellungsweise brauchbar macht. Man stelle sich etwa vor die Aufgabe, die Sätze eines politischen Leitartikels oder eines Plaidoyers im Gerichtsaal durch eine Folge von Bilderzeichnungen zu ersetzen, und man wird dann leicht die Veränderungen verstehen, zu welcher *die Rücksicht auf Darstellbarkeit im Trauminhalt* die Traumarbeit nötigt.

Unter dem psychischen Material der Traumgedanken befinden sich regelmäßig Erinnerungen an eindrucksvolle Erlebnisse, – nicht selten aus früher Kindheit, – die also selbst als Situationen mit meist visuellem Inhalt erfaßt worden sind. Wo es irgend möglich ist, äußert dieser Bestandteil der Traumgedanken einen bestimmenden Einfluß auf die Gestaltung des Trauminhalts, indem er gleichsam als Kristallisationspunkt anziehend und verteilend auf das Material der Traumgedanken wirkt. Die Traumsituation ist oft nichts anderes als eine modifizierte und durch Einschaltungen komplizierte Wiederholung eines solchen eindruckvollen Erlebnisses; getreue und unvermengte Reproduktionen realer Szenen bringt der Traum hingegen nur sehr selten.

Der Trauminhalt besteht aber nicht ausschließlich aus Situationen, sondern schließt auch unvereinigte Brocken von visuellen Bildern, Reden und selbst Stücke von unveränderten Gedanken ein. Es wird daher vielleicht anregend wirken, wenn wir in knappster Weise die Darstellungsmittel mustern, welche der Traumarbeit zur Verfügung stehen, um in der eigentümlichen Ausdrucksweise des Traumes die Traumgedanken wiederzugeben.

Die Traumgedanken, welche wir durch die Analyse erfahren, zeigen sich uns als ein psychischer Komplex von allerverwickeltstem Aufbau. Die Stücke desselben stehen in den mannigfaltigsten logischen Relationen zu einander; sie bilden Vorder und Hintergrund, Bedingungen, Abschweifungen, Erläuterungen, Beweisgänge und Einsprüche. Fast regelmäßig steht neben einem Gedankengang sein kontradiktorisches Widerspiel. Diesem Material fehlt keiner der Charaktere, die uns von unserem wachen Denken her bekannt sind. Soll nun aus alledem ein Traum werden, so unterliegt dies psychische Material einer Pressung, die es ausgiebig verdichtet, einer inneren Zerbröckelung und Verschiebung, welche gleichsam neue Oberflächen schafft, und einer auswählenden Einwirkungen durch die zur Situationsbildung tauglichsten Bestandteile. Mit Rücksicht auf die Genese dieses Materials verdient ein solcher Vorgang den Namen einer »*Regression*«. Die logischen Bande, welche das psychische Material bisher zusammengehalten hatten, gehen nun aber bei dieser Umwandlung zum Trauminhalt verloren. Die Traumarbeit übernimmt gleichsam nur den sachlichen Inhalt der Traumgedanken zur Bearbeitung. Der Analysenarbeit bleibt es überlassen, den Zusammenhang herzustellen, den die Traumarbeit vernichtet hat.

Die Ausdrucksmittel des Traumes sind also kümmerlich zu nennen im Vergleich zu denen unserer Denksprache, doch braucht der Traum auf die Wiedergabe der logischen Relationen unter den Traumgedanken nicht völlig zu verzichten; es gelingt ihm vielmehr häufig genug, dieselben durch formale Charaktere seines eigenen Gefüges zu ersetzen.

Der Traum wird zunächst dem unleugbaren Zusammenhang zwischen allen Stücken der Traumgedanken dadurch gerecht, daß er dieses Material zu einer Situation vereinigt. Er gibt logischen Zusammenhang wieder als Annäherung in Zeit und Raum, ähnlich wie der Maler, der alle Dichter zum Bild des Parnaß zusammenstellt, die niemals auf einem Berggipfel beisammen gewesen sind, wohl aber begrifflich eine Gemeinschaft bilden. Er setzt diese Darstellungsweise ins Einzelne fort, und oft, wenn er zwei Elemente nahe bei einander im Trauminhalt zeigt, bürgt er für einen besonders innigen Zusammenhang zwischen ihren Entsprechenden in den Traumgedanken. Es ist hier übrigens zu bemerken, daß alle in derselben Nacht produzierten Träume bei der Analyse ihre Herkunft aus dem nämlichen Gedankenkreis erkennen lassen.

Die Kausalbeziehung zwischen zwei Gedanken wird entweder ohne Darstellung gelassen oder ersetzt durch das Nacheinander von zwei verschieden langen Traumstücken. Häufig ist diese Darstellung eine verkehrte, indem der Anfang des Traumes die Folgerung, der Schluß desselben die Voraussetzung bringt. Die direkte Verwandlung eines Dinges in ein anderes im Traum scheint die Relation von Ursache und Wirkung darzustellen.

Die Alternative »Entweder – Oder« drückt der Traum niemals aus, sondern nimmt ihre beiden Glieder wie gleichberechtigt in den nämlichen Zusammenhang auf. Daß ein Entweder – Oder, welches bei der Traumreproduktion gebraucht wird, durch »Und« zu übersetzen ist, habe ich bereits erwähnt.

Vorstellungen, die im Gegensatz zu einander stehen, werden mit Vorliebe im Traume durch das nämliche Element ausgedrückt.[1] Das »nicht« scheint für den Traum nicht zu existieren. Opposition zwischen zwei Gedanken, die Relation der Umkehrung, findet eine höchst bemerkenswerte Darstellung im

[1] Es ist bemerkenswert, daß namhafte Sprachforscher behaupten, die ältesten menschlichen Sprachen hätten ganz allgemein kontradiktorische Gegensätze durch das nämliche Wort zum Ausdruck gebracht (stark–schwach; innen–außen usw.: »Gegensinn der Urworte«).

Traum. Sie wird dadurch ausgedrückt, daß ein anderes Stück des Trauminhaltes – gleichsam wie nachträglich – in sein Gegenteil verkehrt wird. Eine andere Art, Widerspruch auszudrücken, werden wir später kennen lernen. Auch die im Traum so häufige Sensation der gehemmten Bewegung dient dazu, einen Widerspruch zwischen Impulsen, einen Willenskonflikt, darzustellen.

Einer einzigen unter den logischen Relationen, der der Ähnlichkeit, Gemeinsamkeit, Übereinstimmung, kommt der Mechanismus der Traumbildung im höchsten Ausmaße zugute. Die Traumarbeit bedient sich dieser Fälle als Stützpunkte für die Traumverdichtung, indem sie alles, was solche Übereinstimmung zeigt, zu einer neuen Einheit zusammenzieht.

Diese kurze Reihe von groben Bemerkungen reicht natürlich nicht aus, um die ganze Fülle der formalen Darstellungsmittel des Traumes für die logischen Relationen der Traumgedanken zu würdigen. Die einzelnen Träume sind in dieser Hinsicht feiner oder nachlässiger gearbeitet, sie haben sich an den ihnen vorliegenden Text mehr oder minder sorgfältig gehalten, die Hilfsmittel der Traumarbeit mehr oder weniger weit in Anspruch genommen. Im letzteren Falle erscheinen sie dunkel, verworren, unzusammenhängend. Wo der Traum aber greifbar absurd erscheint, einen offenbaren Widersinn in seinem Inhalt einschließt, da ist er so mit Absicht und bringt durch seine scheinbare Vernachlässigung aller logischen Anforderungen ein Stück vom intellektuellen Inhalt der Traumgedanken zum Ausdruck. Absurdität im Traum bedeutet Widerspruch, Spott und Hohn in den Traumgedanken. Da diese Aufklärung den stärksten Einwand gegen die Auffassung liefert, die den Traum durch dissoziierte, kritiklose Geistestätigkeit entstehen läßt, werde ich sie durch ein Beispiel zu Nachdruck bringen.

Einer meiner Bekannten, Herr M., ist von keinem Geringeren als von Goethe in einem Aufsatze angegriffen worden, wie wir alle meinen, mit ungerechtfertigt großer Heftigkeit. – Herr M. ist durch diesen Angriff natürlich vernichtet. Er beklagt sich darüber bitter bei einer Tischgesellschaft; seine Verehrung für Goethe hat aber unter dieser persönlichen Erfahrung nicht gelitten. Ich suche nun die zeitlichen Verhältnisse, die mir unwahrscheinlich vorkommen, ein wenig aufzuklären. Goethe ist 1832 gestorben. Da sein Angriff auf Herrn M. natürlich früher erfolgt sein muß, so war Herr M. damals ein ganz junger Mann. Es kommt mir plausibel vor, daß er 18 Jahre war. Ich weiß aber nicht sicher, welches Jahr wir gegenwärtig schreiben, und so versinkt die ganze Berechnung im Dunkel. Der Angriff ist übrigens in dem bekannten Aufsatz von Goethe ›Natur‹ enthalten.

Der Unsinn dieses Traumes tritt greller hervor, wenn ich mitteile, daß Herr M. ein jugendlicher Geschäftsmann ist, dem alle poetischen und literarischen Interessen ferne liegen. Wenn ich aber in die Analyse dieses Traumes eingehe, wird es mir wohl gelingen, zu zeigen, wieviel »Methode« hinter diesem Unsinn steckt. Der Traum bezieht sein Material aus drei Quellen:

1. Herr M., den ich bei einer *Tischgesellschaft* kennen lernte, bat mich eines Tages, seinen älteren Bruder zu untersuchen, der Anzeichen von gestörter geistiger Tätigkeit erkennen lasse. Bei der Unterhaltung mit dem Kranken ereignete sich das Peinliche, daß dieser ohne jeden Anlaß den Bruder durch eine Anspielung auf dessen *Jugendstreiche* bloßstellte. Ich hatte den Kranken um sein *Geburtsjahr* gefragt (*Sterbejahr* im Traum) und ihn zu verschiedenen Berechnungen veranlaßt, durch welche seine Gedächtnisschwäche erwiesen werden sollte.
2. Eine medizinische Zeitschrift, die sich auch meines Namens auf ihrem Titel rühmte, hatte von einem recht *jugendlichen* Referenten eine geradezu »*vernichtende*« Kritik über ein Buch meines Freundes F. in Berlin aufgenommen. Ich stellte den Redakteur darob zur Rede, der mir zwar sein Bedauern ausdrückte, aber eine Remedur nicht versprechen wollte. Daraufhin brach ich meine Beziehung zur Zeitung ab und hob in meinem Absagebrief die Erwartung hervor, daß *unsere persönlichen Beziehungen unter diesem Vorfall nicht leiden würden*. Dies ist die eigentliche Quelle des Traumes. Die ablehnende Aufnahme der Schrift meines Freundes hatte mir einen tiefen Eindruck gemacht. Sie enthielt eine nach meiner Schätzung fundamentale biologische Entdeckung, die erst jetzt – nach vielen Jahren – den Fachgenossen zu gefallen beginnt.
3. Eine Patientin hatte mir kurz zuvor die Krankengeschichte ihres Bruders erzählt, der mit dem Ausrufe »*Natur, Natur*« in Tobsucht verfallen war. Die Ärzte hatten gemeint, der Ausruf stamme aus der Lektüre jenes schönen Aufsatzes von *Goethe* und deute auf die Überarbeitung des Erkrankten bei seinen Studien hin. Ich hatte geäußert, *es komme mir plausibler vor*, daß der Ausruf »Natur« in jenem sexuellen Sinn zu nehmen sei, den bei uns auch die Mindergebildeten kennen. Daß der Unglückliche sich später an den Genitalien verstümmelte, schien mir wenigstens nicht unrecht zu geben. 18 *Jahre* war das Alter dieses Kranken, als jener Anfall sich einstellte.

Im Trauminhalt verbirgt sich hinter dem Ich zunächst mein von der Kritik so übel behandelter Freund. »*Ich suche mir die zeitlichen Verhältnisse ein wenig aufzuklären.*« Das Buch meines Freundes beschäftigt sich nämlich mit den *zeitlichen* Verhältnissen des Lebens und führt unter anderem auch Goethes Lebensdauer auf ein Vielfaches einer für die Biologie bedeutsamen Zahl von Tagen zurück. Dieses Ich wird aber einem Paralytiker gleichgestellt (»Ich weiß nicht sicher, welches Jahr wir gegenwärtig schreiben«). Der Traum stellt also dar, daß mein Freund sich als Paralytiker benimmt, und schwelgt dabei in Absurdität. Die Traumgedanken aber lauten ironisch: »Natürlich, er ist ein Verrückter, ein Narr, und ihr seid die Genies, die es besser verstehen. Sollte es nicht doch umgekehrt sein?« – Diese Umkehrung ist nun ausgiebig im Trauminhalt vertreten, indem Goethe den jungen Mann angegriffen hat, was absurd ist, während leicht ein ganz junger Mensch noch heute den großen Goethe angreifen könnte.

Ich möchte behaupten, daß kein Traum von anderen als egoistischen Regungen eingegeben wird. Das Ich im Traum steht wirklich nicht bloß für meinen Freund, sondern auch für mich selbst. Ich identifiziere mich mit ihm, weil das Schicksal seiner Entdekkung mir vorbildlich für die Aufnahme meiner eigenen Funde erscheint. Wenn ich mit meiner Theorie hervortreten werde, welche in der Ätiologie psychoneurotischer Störungen die Sexualität hervorhebt (siehe die Anspielung auf den achtzehnjährigen Kranken »Natur, Natur«), werde ich die nämliche Kritik wiederfinden und bringe ihr schon jetzt den gleichen Spott entgegen.

Wenn ich die Traumgedanken weiter verfolge, finde ich immer nur Spott und Hohn als das Korrelat der Absurditäten des Traumes. Der Fund eines geborstenen Schafschädels auf dem Lido zu Venedig hat Goethe bekanntlich die Idee zur sog. Wirbeltheorie des Schädels eingegeben. – Mein Freund rühmt sich, als Student einen Sturm zur Beseitigung eines alten Professors entfesselt zu haben, der, einst wohlverdient (unter anderem auch um diesen Teil der vergleichenden Anatomie), nun durch Altersschwachsinn zum Lehren unfähig geworden war. Die von ihm veranstaltete Agitation half so dem Übelstande ab, daß an den deutschen Universitaten dem akademischen Wirken eine Altersgrenze nicht gezogen ist. – Alter schützt nämlich vor Torheit nicht. – Im hiesigen Krankenhause hatte ich die Ehre, Jahre hindurch unter einem Primarius zu dienen, der längst fossil, seit Dezennien notorisch schwachsinnig, sein verantwortungsvolles Amt weiterführen durfte. Eine Charakteristik nach dem Funde am Lido drängt sich mir hier auf. – Auf diesen Mann bezüglich fertigten einst junge Kollegen im Spital eine Übertragung des damals beliebten Gassenhauers: Das hat kein Goethe g'schrieben, das hat kein Schiller g'dicht usw. . . .

VII

Wir sind mit der Würdigung der Traumarbeit noch nicht zu Ende gekommen. Wir sehen uns genötigt, ihr außer der Verdichtung, Verschiebung und anschaulichen Zurichtung des psychischen Materials noch eine andere Tätigkeit zuzuschreiben, deren Beitrag allerdings nicht an allen Träumen zu erkennen ist. Ich werde von diesem Stück der Traumarbeit nicht ausführlich handeln, will also nur anführen, daß man sich von seinem Wesen am ehesten eine Vorstellung verschafft, wenn man sich zu der — wahrscheinlich unzutreffenden — Annahme entschließt, *daß es auf den bereits vorgebildeten Trauminhalt erst nachträglich einwirke.* Seine Leistung besteht dann darin, die Traumbestandteile so anzuordnen, daß sie sich ungefähr zu einem Zusammenhang, zu einer Traumkomposition zusammenfügen. Der Traum erhält so eine Art Fassade, die seinen Inhalt freilich nicht an allen Stellen deckt; er erfährt dabei eine erste vorläufige Deutung, die durch Einschiebsel und leise Abänderungen unterstützt wird. Allerdings macht sich diese Bearbeitung des Trauminhaltes nur möglich, indem sie alle fünf gerade sein läßt, sie liefert auch weiter nichts als ein eklatantes Mißverständnis der Traumgedanken, und wenn wir die Analyse des Traumes in Angriff nehmen, müssen wir uns zuerst von diesem Deutungsversuch frei machen.

An diesem Stücke der Traumarbeit ist die Motivierung ganz besonders durchsichtig. Es ist die *Rücksicht auf Verständlichkeit*, welche diese letzte Überarbeitung des Traumes veranlaßt; hiedurch ist aber auch die Herkunft dieser Tätigkeit verraten. Sie benimmt sich gegen den ihr vorliegenden Trauminhalt, wie unsere normale psychische Tätigkeit überhaupt gegen einen beliebigen ihr dargebotenen Wahrnehmungsinhalt. Sie erfaßt ihn unter Verwendung gewisser Erwartungsvorstellungen, ordnet ihn schon bei der Wahrnehmung unter der Voraussetzung seiner Verständlichkeit, läuft dabei Gefahr, ihn zu fälschen, und verfällt in der Tat, wenn er sich an nichts Bekanntes anreihen läßt, zunächst in die seltsamsten Mißverständnisse. Es ist bekannt, daß wir nicht imstande sind, eine Reihe von fremdartigen Zeichen anzusehen oder ein Gefolge von unbekannten Worten anzuhören, ohne zunächst deren Wahrnehmung nach der *Rücksicht auf Verständlichkeit*, nach der Anlehnung an etwas uns Bekanntes zu verfälschen.

Träume, welche diese Bearbeitung von seiten einer dem wachen Denken völlig analogen psychischen Tätigkeit erfahren haben, kann man *gut komponierte* heißen. Bei anderen Träumen hat diese Tätigkeit völlig versagt; es ist nicht einmal der Versuch gemacht worden, Ordnung und Deutung herzustellen, und indem wir uns nach dem Erwachen mit diesem letzten Stück der

Traumarbeit identisch fühlen, urteilen wir, der Traum sei »ganz verworren«. Für unsere Analyse aber hat der Traum, der einem ordnungslosen Haufen unzusammenhängender Bruchstücke gleicht, ebensoviel Wert wie der schön geglättete und mit einer Oberfläche versehene. Wir ersparen uns im ersteren Fall etwa die Mühe, die Überarbeitung des Trauminhaltes wieder zu zerstören.

Man würde aber irre gehen, wenn man in diesen Traumfassaden nichts anderes sehen wollte, als solche eigentlich mißverständliche und ziemlich willkürliche Bearbeitungen des Trauminhaltes durch die bewußte Instanz unseres Seelenlebens. Zur Herstellung der Traumfassade werden nicht selten Wunschphantasien verwendet, die sich in den Traumgedanken vorgebildet finden, und die von derselben Art sind wie die uns aus dem wachen Leben bekannten, mit Recht so genannten »Tagträume«. Die Wunschphantasien, welche die Analyse in den nächtlichen Träumen aufdeckt, erweisen sich oft als Wiederholungen und Umarbeitungen infantiler Szenen; die Traumfassade zeigt uns so in manchen Träumen unmittelbar den durch Vermengung mit anderem Material entstellten eigentlichen Kern des Traumes.

Andere als die vier erwähnten Tätigkeiten sind bei der Traumarbeit nicht zu entdecken. Halten wir an der Begriffsbestimmung fest, daß »Traumarbeit« die Überführung der Traumgedanken in den Trauminhalt bezeichnet, so müssen wir uns sagen, die Traumarbeit sei nicht schöpferisch, sie entwickle keine ihr eigentümliche Phantasie, sie urteilt nicht, schließt nicht, sie leistet überhaupt nichts anderes als das Material zu verdichten, verschieben und auf Anschaulichkeit umzuarbeiten, wozu noch das inkonstante letzte Stückchen deutender Bearbeitung hinzukommt. Man findet zwar mancherlei im Trauminhalt, was man als das Ergebnis einer anderen und höheren intellektuellen Leistung auffassen möchte, aber die Analyse weist jedesmal überzeugend nach, daß *diese intellektuellen Operationen bereits in den Traumgedanken vorgefallen und vom Trauminhalt nur übernommen worden sind.* Eine Schlußfolgerung im Traum ist nichts anderes als die Wiederholung eines Schlusses in den Traumgedanken; sie erscheint unanstößig, wenn sie ohne Veränderung in den Traum übergegangen ist; sie wird unsinnig, wenn sie durch die Traumarbeit etwa auf ein anderes Material verschoben wurde. Eine Rechnung im Trauminhalt bedeutet nichts anderes, als daß sich unter den Traumgedanken eine Berechnung findet; während diese jedesmal richtig ist, kann die Traumrechnung durch Verdichtung ihrer Faktoren und durch Verschiebung der nämlichen Operationsweise auf anderes Material das tollste Ergebnis liefern. Nicht einmal die Reden, die sich im Trauminhalt vorfinden, sind neu komponiert; sie erweisen sich als zusammengestückelt aus

Reden, die als gehaltene oder als gehörte und gelesene in den Traumgedanken erneuert wurden, deren Wortlaut sie aufs getreueste kopieren, während sie deren Veranlassung ganz beiseite lassen und ihren Sinn aufs gewaltsamste verändern.
Es ist vielleicht nicht überflüssig, die letzten Behauptungen durch Beispiele zu unterstützen.
I. Ein harmlos klingender, gut komponierter Traum einer Patientin:
Sie geht auf den Markt mit ihrer Köchin, die den Korb trägt. Der Fleischhauer sagt ihr, nachdem sie etwas verlangt hat: Das ist nicht mehr zu haben, und will ihr etwas anderes geben mit der Bemerkung: Das ist auch gut. Sie lehnt ab und geht zur Gemüsefrau. Die will ihr ein eigentümliches Gemüse verkaufen, was in Bündeln zusammengebunden ist, aber schwarz von Farbe. Sie sagt: das kenne ich nicht, das nehme ich nicht.
Die Rede: das ist nicht mehr zu haben – stammt aus der Behandlung. Ich selbst hatte der Patientin einige Tage vorher wörtlich erklärt, daß die ältesten Kindererinnerungen nicht mehr als solche zu haben sind, sondern sich durch Übertragungen und Träume ersetzen. Ich bin also der Fleischhauer.
Die zweite Rede: Das kenne ich nicht – ist in einem ganz anderen Zusammenhange vorgefallen. Tags vorher hatte sie selbst ihrer Köchin, die übrigens auch im Traume erscheint, tadelnd zugerufen: Benehmen Sie sich anständig; das kenne ich nicht, d. h. wohl, ein solches Benehmen anerkenne ich nicht, lasse ich nicht zu. Der harmlosere Teil dieser Rede gelangte durch eine Verschiebung in den Trauminhalt; in den Traumgedanken spielte nur der andere Teil der Rede eine Rolle, denn hier hat die Traumarbeit bis zur vollen Unkenntlichkeit und bis zur äußersten Harmlosigkeit eine Phantasiesituation verändert, in welcher ich mich gegen die Dame in einer gewissen Weise unanständig benehme. Diese in der Phantasie erwartete Situation ist aber selbst nur die Neuauflage einer einmal wirklich erlebten.
II. Ein scheinbar ganz bedeutungsloser Traum, in dem Zahlen vorkommen. *Sie will irgend etwas bezahlen; ihre Tochter nimmt 3 fl. 65 kr. aus der Geldtasche; sie sagt aber: Was tust du? Es kostet ja nur 21 Kreuzer.*
Die Träumerin war eine Fremde, die ihr Kind in einem Wiener Erziehungsinstitute untergebracht hatte, und die meine Behandlung fortsetzen konnte, so lange ihre Tochter in Wien blieb. Am Tage vor dem Traume hatte ihr die Institutsvorsteherin nahegelegt, ihr das Kind noch ein weiteres Jahr zu überlassen. In diesem Falle hätte sie auch die Behandlung um ein Jahr verlängert. Die Zahlen im Traum kommen zur Bedeutung, wenn man sich erinnert, daß Zeit Geld ist. *Time is money.* Ein Jahr ist gleich 365 Tagen, in Kreuzern ausgedrückt 365 Kreuzer

oder 3 fl. 65 kr. Die 21 Kreuzer entsprechen den drei Wochen, die damals vom Traumtage bis zum Schulschluß und damit bis zum Ende der Kur ausständig waren. Es waren offenbar Geldrücksichten, welche die Dame bewogen hatten, den Vorschlag der Vorsteherin abzulehnen, und welche für die Kleinheit der Summe im Traum verantwortlich sind.

III. Eine junge, aber schon seit Jahren verheiratete Dame erfährt, daß ihre fast gleichartige Bekannte, Frl. Elise L., sich verlobt hat. Dieser Anlaß erregt nachstehenden Traum:

Sie sitzt mit ihrem Manne im Theater, eine Seite des Parketts ist ganz unbesetzt. Ihr Mann erzählt ihr, Elise L. und ihr Bräutigam hätten auch gehen wollen, hätten aber schlechte Sitze bekommen, drei für 1 fl. 50 kr., und die konnten sie ja nicht nehmen. Sie meint, es wäre auch kein Unglück gewesen.

Hier wird uns die Herkunft der Zahlen aus dem Material der Traumgedanken und die Verwandlungen, die sie erfahren haben, interessieren. Woher rühren die 1 *fl.* 50 *kr.*? Aus einem indifferenten Anlaß des Vortages. Ihre Schwägerin hatte von ihrem Manne die Summe von 150 fl. zum Geschenk bekommen und sich beeilt, sie los zu werden, indem sie sich einen Schmuck dafür kaufte. Wir wollen anmerken, daß 150 fl. hundertmal mehr sind als 1 fl. 50 kr. Für die drei, die bei den Theaterbillets steht, findet sich nur die eine Anknüpfung, daß die Braut Elise L. genau drei Monate jünger ist als die Träumerin. Die Situation im Traume ist die Wiedergabe einer kleinen Begebenheit, mit der sie von ihrem Manne oft geneckt worden ist. Sie hatte sich einmal so sehr beeilt, vorzeitig Karten zu einer Theatervorstellung zu nehmen, und als sie dann ins Theater kam, war eine Seite des Parketts fast unbesetzt. Sie hätte es also nicht nötig gehabt, sich so sehr zu beeilen. Übersehen wir endlich nicht die Absurdität des Traumes, daß zwei Personen drei Karten fürs Theater nehmen sollen!

Nun die Traumgedanken: Ein Unsinn war es doch, so früh zu heiraten; ich hätte es nicht nötig gehabt, mich so zu beeilen. An dem Beispiel der Elise L. sehe ich, daß ich immer noch einen Mann bekommen hätte, und zwar einen hundertmal besseren (Mann, Schatz), wenn ich nur gewartet hätte. Drei solche Männer hätte ich mir für das Geld (die Mitgift) kaufen können!

VIII

Nachdem wir in den vorstehenden Darlegungen die Traumarbeit kennen gelernt haben, werden wir wohl geneigt sein, sie für einen ganz besonderen psychischen Vorgang zu erklären, dessengleichen es nach unserer Kenntnis sonst nicht gibt. Es ist gleichsam auf die Traumarbeit das Befremden übergegangen, welches sonst ihr Produkt, der Traum, bei uns zu erwecken pflegte. In Wirklichkeit ist die Traumarbeit nur der zuerst erkannte unter einer ganzen Reihe von psychischen Prozessen, auf welche die Entstehung der hysterischen Symptome, der Angst-, Zwangs- und Wahnideen zurückzuführen ist. Verdichtung und vor allem Verschiebung sind niemals fehlende Charaktere auch dieser anderen Prozesse. Die Umarbeitung aufs Anschauliche bleibt hingegen der Traumarbeit eigentümlich. Wenn diese Aufklärung den Traum in eine Reihe mit den Bildungen psychischer Erkrankungen bringt, so wird es uns um so wichtiger werden, die wesentlichen Bedingungen solcher Vorgänge wie der Traumbildung zu erfahren. Wir werden wahrscheinlich verwundert sein zu hören, daß weder Schlafzustand noch Krankheit zu diesen unentbehrlichen Bedingungen gehören. Eine ganze Anzahl von Phänomenen des Alltagslebens Gesunder, das Vergessen, Versprechen, Vergreifen, und eine gewisse Klasse von Irrtümern danken einem analogen psychischen Mechanismus wie der Traum und die anderen Glieder der Reihe ihre Entstehung.

Der Kern des Problems liegt in der Verschiebung, der weitaus auffälligsten unter den Einzelleistungen der Traumarbeit. Die wesentliche Bedingung der Verschiebung lernt man bei eingehender Vertiefung in den Gegenstand als eine rein psychologische kennen; sie ist von der Art einer Motivierung. Man gerät auf ihre Spur, wenn man Erfahrungen würdigt, denen man bei der Analyse von Träumen nicht entgehen kann. Ich habe bei der Analyse des Traumbeispiels auf Seite 653 in der Mitteilung der Traumgedanken abbrechen müssen, weil sich unter ihnen, wie ich eingestand, solche fanden, die ich gerne vor Fremden geheim halte und ohne schwere Verletzung wichtiger Rücksichten nicht mitteilen kann. Ich fügte hinzu, es brächte gar keinen Nutzen, wenn ich anstatt dieses Traumes einen anderen zur Mitteilung seiner Analyse auswählte; bei jedem Traum, dessen Inhalt dunkel oder verworren ist, würde ich auf Traumgedanken stoßen, die Geheimhaltung erfordern. Wenn ich aber für mich selbst die Analyse fortsetze, ohne Rücksicht auf die anderen, für die ja ein so persönliches Erlebnis wie mein Traum gar nicht bestimmt sein kann, so lange ich endlich bei Gedanken an, die mich überraschen, die ich in mir nicht gekannt habe, die mir aber nicht *fremdartig*, sondern auch *unangenehm* sind, und die ich darum energisch bestreiten möchte, während die durch die Analyse laufende Gedankenverkettung sie mir unerbittlich aufdrängt. Ich kann diesem ganz allgemeinen Sachverhalt gar nicht anders Rechnung tragen, als durch die Annahme, diese Gedanken seien wirklich in meinem Seelenleben vorhanden und im Besitz einer gewissen psychischen Intensität oder Energie gewesen, hätten sich aber in einer eigentümlichen psychologischen Situation befunden, der zufolge sie mir nicht bewußt werden konnten. Ich heiße diesen besonderen Zustand den der Verdrängung. Ich kann dann nicht umhin, zwischen der Dunkelheit des Trauminhaltes und dem Verdrängungszustand, der Bewußtseinsunfähigkeit, einiger der Traumgedanken eine kausale Beziehung gelten zu lassen und zu schließen, daß der Traum dunkel sein müsse, damit er die verpönten Traumgedanken nicht verrate. Ich komme so zum Begriffe der Traumentstellung, welche das Werk der Traumarbeit ist und der Verstellung, der Absicht zu verbergen, dient.

Ich will an dem zur Analyse ausgesuchten Traumbeispiel die Probe machen und mich fragen, welches denn der Gedanke ist, der sich in diesem Traum entstellt zur Geltung bringt, während er unentstellt meinen schärfsten Widerspruch herausfordern würde. Ich erinnere mich, daß die kostenlose Wagenfahrt mich an die letzten kostspieligen Wagenfahrten mit einer Person meiner Familie gemahnt hat, daß sich als Deutung des Traumes ergab: Ich möchte einmal Liebe kennen lernen, die mich nichts kostet, und daß ich kurze Zeit vor dem Traum eine größere Geldausgabe für eben diese Person zu leisten hatte. In diesem Zusammenhang kann ich mich des Gedankens nicht erwehren, daß es mir um diese Ausgabe leid tut. Erst wenn ich diese Regung anerkenne, bekommt es einen Sinn, daß ich mir im Traum Liebe wünsche, die mir keine Ausgabe nötig macht. Und doch kann ich mir ehrlich sagen, daß ich bei der Entschließung, jene Summe aufzuwenden, nicht einen Augenblick geschwankt habe. Das Bedauern darüber, die Gegenströmung, ist mir nicht bewußt worden. Aus welchen Gründen nicht, dies ist allerdings eine andere, weitab führende Frage, deren mir bekannte Beantwortung in einen anderen Zusammenhang gehört.

Wenn ich nicht einen eigenen Traum, sondern den einer fremden Person der Analyse unterziehe, so ist das Ergebnis das nämliche; die Motive zur Überzeugung werden aber geändert. Ist es der Traum eines Gesunden, so bleibt mir kein anderes Mittel, ihn zur Anerkennung der gefundenen verdrängten Ideen zu nötigen, als der Zusammenhang der Traumgedanken, und er mag sich immerhin gegen diese Anerkennung sträuben. Handelt es sich aber um einen neurotisch Leidenden, etwa um einen Hysteriker, so wird die Annahme des verdrängten Gedankens für ihn zwingend durch den Zusammenhang dieses letzteren mit seinen Krankheitssymptomen und durch die Besserung, die er bei dem Eintausch vom Symptomen gegen verdrängte Ideen erfährt. Bei der Patientin z. B., von welcher der letzte Traum mit den drei Karten für 1 fl. 50 kr. herrührt, muß die Analyse annehmen, daß sie ihren Mann geringschätzt, daß sie bedauert, ihn geheiratet zu haben, daß sie ihn gegen einen anderen vertauschen möchte. Sie behauptet freilich, daß sie ihren Mann liebt, daß ihr Empfindungsleben von dieser Geringschätzung (einen hundertmal besseren!) nichts weiß, aber all ihre Symptome führen zu derselben Auflösung wie dieser Traum, und nachdem die von ihr verdrängten Erinnerungen an eine gewisse Zeit wieder geweckt worden sind, in welcher sie ihren Mann auch bewußt nicht geliebt hat, sind diese Symptome gelöst, und ihr Widerstand gegen die Deutung des Traumes ist geschwunden.

IX

Nachdem wir uns den Begriff der Verdrängung fixiert und die Traumentstellung in Beziehung zu verdrängtem psychischen Material gesetzt haben, können wir das Hauptergebnis, welches die Analyse der Träume liefert, ganz allgemein aussprechen. Von den verständlichen und sinnvollen Träumen haben wir erfahren, daß sie unverhüllte Wunscherfüllungen sind, d. h. daß die Traumsituation in ihnen einen dem Bewußtsein bekannten, vom Tagesleben erübrigten, des Interesses wohl würdigen Wunsch als erfüllt darstellt. Über die dunkeln und verworrenen Träume lehrt nun die Analyse etwas ganz Analoges: die Traumsituation stellt wiederum einen Wunsch als erfüllt dar, der sich regelmäßig aus den Traumgedanken erhebt, aber die Darstellung ist eine unkenntliche, erst durch Zurückführung in der Analyse aufzuklärende, und der Wunsch ist entweder selbst ein verdrängter, dem Bewußtsein fremder, oder er hängt doch innigst mit verdrängten Gedanken zusammen, wird von solchen getragen. Die Formel für diese Träume lautet also: *Sie sind verhüllte Erfüllungen von verdrängten Wünschen.* Es ist dabei interessant zu bemerken, daß die Volksmeinung recht behält, welche den Traum durchaus die Zukunft verkünden läßt. In Wahrheit ist die Zukunft, die uns der Traum zeigt, nicht die, die eintreffen wird, sondern von der wir möchten, daß sie so einträfe. Die Volksseele verfährt hier, wie sie es auch sonst gewohnt ist: sie glaubt, was sie wünscht.

Nach ihrem Verhalten gegen die Wunscherfüllung teilen sich die Träume in drei Klassen. Erstens solche, die einen *unverdrängten* Wunsch *unverhüllt* darstellen; dies sind die Träume von infantilem Typus, die beim Erwachsenen immer seltener werden. Zweitens die Träume, die einen *verdrängten* Wunsch *verhüllt* zum Ausdruck bringen; wohl die übergroße Mehrzahl aller unserer Träume, die zum Verständnis dann der Analyse bedürfen. Drittens die Träume, die zwar einen *verdrängten* Wunsch darstellen, aber *ohne* oder in ungenügender Verhüllung. Diese letzten Träume sind regelmäßig von Angst begleitet, welche den Traum unterbricht. Die Angst ist hier der Ersatz für die Traumentstellung; sie ist nur in den Träumen der zweiten Klasse durch die Traumarbeit erspart worden. Es läßt sich ohne allzugroße Schwierigkeit nachweisen, daß derjenige Vorstellungsinhalt, der uns jetzt im Traume Angst bereitet, einstmals ein Wunsch war und seither der Verdrängung unterlegen ist.

Es gibt auch klare Träume von peinlichem Inhalt, der aber im Traum nicht peinlich empfunden wird. Man kann diese darum nicht zu den Angstträumen rechnen; sie haben aber immer dazu gedient, die Bedeutungslosigkeit und den psychischen Unwert der Träume zu erweisen. Eine Analyse eines solchen Beispieles wird zeigen, daß es sich hier um gut verhüllte Erfüllungen verdrängter Wünsche, also um Träume der zweiten Klasse, handelt, und wird gleichzeitig die ausgezeichnete Eignung der Verschiebungsarbeit zur Verhüllung des Wunsches dartun.

Ein Mädchen träumt, daß sie das jetzt einzige Kind ihrer Schwester tot vor sich sieht in der nämlichen Umgebung, in der sie vor einigen Jahren das erste Kind als Leiche sah. Sie empfindet dabei keinen Schmerz, sträubt sich aber natürlich gegen die Auffassung, diese Situation entspreche einem Wunsche von ihr. Dies wird auch nicht erfordert; aber an der Bahre jenes Kindes hat sie vor Jahren den von ihr geliebten Mann zuletzt gesehen und gesprochen; stürbe das zweite Kind, so würde sie diesen Mann gewiß wieder im Hause der Schwester treffen. Sie sehnt sich nun nach dieser Begegnung, sträubt sich aber gegen dieses ihr Gefühl. Sie hat am Traumtage selbst eine Eintrittskarte zu einem Vortrag genommen, den der immer noch Geliebte angekündigt hat. Ihr Traum ist ein einfacher Ungeduldstraum, wie er sich gewöhnlich vor Reisen, Theaterbesuchen und ähnlichen erwarteten Genüssen einstellt. Um ihr aber diese Sehnsucht zu verbergen, ist die Situation auf die für eine freudige Empfindung unpassendste Gelegenheit verschoben worden, die sich noch einmal in der Wirklichkeit bewährt hat. Man beachte noch, daß das Affektverhalten im Traume nicht dem vorgeschobenen, sondern dem wirklichen, aber zurückgehaltenen Trauminhalt angepaßt ist. Die Traumsituation greift dem lange ersehnten Wiedersehen vor; sie bietet keine Anknüpfung für eine schmerzliche Empfindung.

X

Die Philosophen haben bisher keinen Anlaß gehabt, sich mit einer Psychologie der Verdrängung zu beschäftigen. Es ist also gestattet, daß wir uns in erster Annäherung an den noch unbekannten Sachverhalt eine anschauliche Vorstellung vom Hergang der Traumbildung schaffen. Das Schema, zu welchem wir nicht allein vom Studium des Traumes her gelangen, ist zwar bereits ziemlich kompliziert; wir können aber mit einem einfacheren unser Ausreichen nicht finden. Wir nehmen an, daß es in unserem seelischen Apparat zwei gedankenbildende Instanzen gibt, deren zweite das Vorrecht besitzt, daß ihre Erzeugnisse den Zugang zum Bewußtsein offen finden, während die Tätigkeit der ersten Instanz an sich unbewußt ist und nur über die zweite zum Bewußtsein gelangen kann. An der Grenze der beiden Instanzen, am Übergang von der ersten zur zweiten, befinde sich eine Zensur, welche nur durchläßt, was ihr angenehm ist, anderes aber zurückhält. Dann befindet sich das von der Zensur Abgewiesene, nach unserer Definition, im Zustande der Verdrängung. Unter gewissen Bedingungen, deren eine der Schlafzustand ist, ändere sich das Kräfteverhältnis zwischen beiden Instanzen in solcher Weise, daß das Verdrängte nicht mehr ganz zurückgehalten werden kann. Im Schlafzustand geschehe dies etwa durch den Nachlaß der Zensur; dann wird es dem bisher Verdrängten gelingen, sich den Weg zum Bewußtsein zu bahnen. Da die Zensur aber niemals aufgehoben, sondern bloß herabgesetzt ist, so wird es sich dabei Veränderungen gefallen lassen müssen, welche seine Anstößigkeiten mildern. Was in solchem Falle bewußt wird, ist ein Kompromiß zwischen dem von der einen Instanz Beabsichtigten und dem von der anderen Geforderten. *Verdrängung – Nachlaß der Zensur – Kompromißbildung*, dies ist aber das Grundschema für die Entstehung sehr vieler anderer psychopathischer Bildungen in gleicher Weise wie für den Traum, und bei der Kompromißbildung werden hier wie dort die Vorgänge der Verdichtung und Verschiebung und die Inanspruchnahme oberflächlicher Assoziationen beobachtet, welche wir bei der Traumarbeit kennen gelernt haben.

Wir haben keinen Grund, uns das Element von Dämonismus zu verhehlen, welches bei der Aufstellung unserer Erklärung der Traumarbeit mitgespielt hat. Wir haben den Eindruck empfangen, daß die Bildung der dunkeln Träume so vor sich geht, *als ob* eine Person, die von einer zweiten abhängig ist, etwas zu äußern hätte, was dieser letzteren anzuhören unangenehm sein muß, und von diesem Gleichnis her haben wir den Begriff der *Traumentstellung* und den der Zensur erfaßt und uns bemüht, unseren Eindruck in eine gewiß rohe, aber wenigstens anschauliche psychologische Theorie zu übersetzen. Mit was immer bei weiterer Klärung des Gegenstandes sich unsere erste und zweite Instanz wird identifizieren lassen, wir werden erwarten, daß sich ein Korrelat unserer Annahme bestätige, daß die zweite Instanz den Zugang zum Bewußtsein beherrscht und die erste vom Bewußtsein absperren kann.

Wenn der Schlafzustand überwunden ist, stellt sich die Zensur rasch zur vollen Höhe wieder her und kann jetzt wieder vernichten, was ihr während der Zeit ihrer Schwäche abgerungen worden ist. Daß das *Vergessen* des Traumes wenigstens *zum Teil* diese Erklärung fordert, geht aus einer ungezählte Male bestätigten Erfahrung hervor. Während der Erzählung eines Traumes oder während der Analyse desselben geschieht es nicht selten, daß plötzlich ein vergessen geglaubtes Bruchstück des Trauminhaltes wieder auftaucht. Dies dem Vergessen entrissene Stück enthält regelmäßig den besten und nächsten Zugang zur Bedeutung des Traumes. Es sollte wahrscheinlich nur darum dem Vergessen, d. i. der neuerlichen Unterdrückung, verfallen.

XI

Wenn wir den Trauminhalt als Darstellung eines erfüllten Wunsches auffassen und seine Dunkelheit auf die Abänderung der Zensur an verdrängtem Material zurückführen, fällt es uns auch nicht mehr schwer, die Funktion des Traumes zu erschließen. In seltsamem Gegensatz zu Redewendungen, welche den Schlaf durch Träume stören lassen, müssen wir den *Traum als den Hüter des Schlafes* anerkennen. Für den Kindertraum dürfte unsere Behauptung leicht Glauben finden.
Der Schlafzustand oder die psychische Schlafveränderung, worin immer sie bestehen mag, wird herbeigeführt durch den dem Kind aufgenötigten oder auf Grund von Müdigkeitssensationen gefaßten Entschluß zu schlafen, und einzig ermöglicht durch die Abhaltung von Reizen, welche dem psychischen Apparat andere Ziele setzen könnten als das des Schlafes. Die Mittel, welche dazu dienen, äußere Reize fern zu halten, sind bekannt; aber welche Mittel stehen uns zur Verfügung, um die inneren seelischen Reize niederzuhalten, die sich dem Einschlafen widersetzen? Man beobachte eine Mutter, die ihr Kind einschläfert. Es äußert unausgesetzt Bedürfnisse, es will noch einen Kuß, es möchte noch spielen. Diese Bedürfnisse werden zum Teil befriedigt, zum anderen mit Autorität auf den nächsten Tag verschoben. Es ist klar, daß Wünsche und Bedürfnisse, die sich regen, die Hemmnisse des Einschlafens sind. Wer kennt nicht die heitere Geschichte von dem schlimmen Buben (Balduin *Grollers*), der, bei Nacht erwachend, durch den Schlafraum brüllt: *Das Nashorn will er?* Ein braveres Kind würde, anstatt zu brüllen, *träumen*, daß es mit dem Nashorn spiele. Da der Traum, welcher den Wunsch erfüllt zeigt, während des Schlafens *Glauben* findet, hebt er den Wunsch auf und ermöglicht den Schlaf. Es ist nicht abzuweisen, daß dieser Glaube dem

Traumbilde zufällt, weil dieses sich in die psychische Erscheinung der Wahrnehmung kleidet, während dem Kinde die später zu erwerbende Fähigkeit noch fehlt, Halluzination oder Phantasie von Realität zu unterscheiden.

Der Erwachsene hat diese Unterscheidung gelernt, er hat auch die Nutzlosigkeit des Wünschens begriffen und durch fortgesetzte Übung erreicht, seine Strebungen aufzuschieben, bis sie auf langen Umwegen über die Veränderung der Außenwelt ihre Erledigung finden können. Dem entsprechend sind auch die Wunscherfüllungen auf kurzem psychischen Weg bei ihm im Schlafe selten; ja, es ist selbst möglich, daß sie überhaupt nicht vorkommen, und daß alles, was uns nach der Art eines Kindertraumes gebildet zu sein scheint, eine viel kompliziertere Auflösung erfordert. Dafür aber hat sich beim Erwachsenen — und wohl bei jedem Vollsinnigen ohne Ausnahme — eine Differenzierung des psychischen Materiales herausgebildet, die dem Kinde fehlte. Es ist eine psychische Instanz zustande gekommen, welche, durch die Lebenserfahrung belehrt, einen beherrschenden und hemmenden Einfluß auf die seelischen Regungen mit eifersüchtiger Strenge festhält, und die durch ihre Stellung zum Bewußtsein und zur willkürlichen Motilität mit den größten Mitteln psychischer Macht ausgestattet ist. Ein Teil der kindlichen Regungen aber ist als lebensunnütz von dieser Instanz unterdrückt worden, und alles Gedankenmaterial, was von diesen abstammt, befindet sich im Zustande der Verdrängung.

Während sich nun die Instanz, in welcher wir unser normales Ich erkennen, auf den Wunsch zu schlafen einstellt, scheint sie durch die psychophysiologischen Bedingungen des Schlafes genötigt, an der Energie nachzulassen, mit welcher sie bei Tag das Verdrängte niederzuhalten pflegte. Dieser Nachlaß selbst ist zwar harmlos; die Erregungen der unterdrückten Kinderseele mögen sich immerhin tummeln; infolge des nämlichen Schlafzustandes finden sie doch den Zugang zum Bewußtsein erschwert und den zur Motilität versperrt. Die Gefahr, daß der Schlaf durch sie gestört werde, muß aber abgewehrt werden. Nun müssen wir ja ohnehin die Annahme zulassen, daß selbst im tiefen Schlaf ein Betrag von freier Aufmerksamkeit als Wächter gegen Sinnesreize aufgeboten wird, welche etwa das Erwachen rätlicher erscheinen lassen als die Fortsetzung des Schlafes. Es wäre sonst nicht zu erklären, daß wir jederzeit durch Sinnesreize von gewisser Qualität aufzuwecken sind, wie bereits der alte Physiologe Burdach betonte, die Mutter z. B. durch das Wimmern ihres Kindes, der Müller durch das Stehenbleiben seiner Mühle, die meisten Menschen durch den leisen Anruf bei ihrem Namen. Diese Wache haltende Aufmerksamkeit wendet sich nun auch den inneren Wunschreizen aus dem Verdrängten zu und bildet mit ihnen den Traum, der als Kompromiß gleichzeitig beide Instanzen befriedigt. Der Traum schafft eine Art von psychischer Erledigung für den unterdrückten oder mit Hilfe des Verdrängten geformten Wunsch, indem er ihn als erfüllt hinstellt; er genügt aber auch der anderen Instanz, indem er die Fortsetzung des Schlafes gestattet. Unser Ich benimmt sich dabei gerne wie ein Kind, es schenkt den Traumbildern Glauben, als ob es sagen wollte: Ja, ja, du hast recht, aber laß mich schlafen. Die Geringschätzung, die wir, erwacht, dem Traume entgegenbringen, und die sich auf die Verworrenheit und scheinbare Unlogik des Traumes beruft, ist wahrscheinlich nichts anderes als das Urteil unseres schlafenden Ichs über die Regungen aus dem Verdrängten, das sich mit besserem Rechte auf die motorische Ohnmacht dieser Schlafstörer stützt. Dies geringschätzige Urteil wird uns mitunter selbst im Schlafe bewußt; wenn der Trauminhalt allzusehr über die Zensur hinausgeht, denken wir: Es ist ja nur ein Traum – und schlafen weiter.

Es ist kein Einwand gegen diese Auffassung, wenn es auch für den Traum Grenzfälle gibt, in denen er seine Funktion, den Schlaf vor Unterbrechung zu bewahren, nicht mehr festhalten kann – wie beim Angsttraum – und sie gegen die andere, ihn rechtzeitig aufzuheben, vertauscht. Er verfährt dabei auch nur wie der gewissenhafte Nachtwächter, der zunächst seine Pflicht tut, indem er Störungen zur Ruhe bringt, um die Bürgerschaft nicht zu wecken, dann aber seine Pflicht damit fortsetzt, die Bürgerschaft selbst zu wecken, wenn ihm die Ursachen der Störung bedenklich scheinen und er mit ihnen allein nicht fertig wird.

Besonders deutlich wird eine solche Funktion des Traumes, wenn an den Schlafenden ein Anreiz zu Sinnesempfindungen herantritt. Daß Sinnesreize, während das Schlafzustandes angebracht, den Inhalt der Träume beeinflussen, ist allgemein bekannt, läßt sich experimentell nachweisen und gehört zu den wenigen sicheren, aber arg überschätzten Ergebnissen der ärztlichen Forschung über den Traum. Es hat sich aber an diese Ermittlung ein bisher unlösbares Rätsel geknüpft. Der Sinnesreiz, den der Experimentator auf den Schlafenden einwirken läßt, erscheint im Traume nämlich nicht richtig erkannt, sondern unterliegt irgend einer von unbestimmt vielen Deutungen, deren Determinierung der psychischen Willkür überlassen schien. Psychische Willkür gibt es natürlich nicht. Der Schlafende kann gegen einen Sinnenreiz von außen auf mehrfache Weise reagieren. Entweder er erwacht oder es gelingt ihm, den Schlaf trotzdem fortzusetzen. Im letzteren Falle kann er sich des Traumes bedienen, um den äußeren Reiz fortzuschaffen, und zwar wiederum auf mehr als eine Weise. Er kann z. B. den Reiz aufheben, indem er eine Situation träumt, die mit ihm ganz und gar unverträglich ist. So benahm sich z. B. ein Schläfer, den ein schmerzhafter Abszeß am Perineum stören wollte. Er träumte, daß er auf einem Pferd reite, benutzte dabei den Breiumschlag, der ihm den Schmerz lindern sollte, als Sattel und kam so über die Störung hinweg. Oder aber, was der häufigere Fall ist, der äußere Reiz erfährt eine Umdeutung, die ihn in den Zusammenhang eines eben auf seine Erfüllung lauernden verdrängten Wunsches einfügt, ihn so seiner Realität beraubt und wie ein Stück des psychischen Materials behandelt. So träumt jemand, er habe ein Lustspiel geschrieben, das eine bestimmte Grundidee verkörpert, es werde im Theater aufgeführt, der erste Akt sei vorüber und finde rasenden Beifall. Es wird fürchterlich geklatscht ... Es muß hier dem Träumer gelungen sein, seinen Schlaf über die Störung hinaus zu verlängern, den als er erwachte, hörte er das Geräusch nicht mehr, urteilte aber mit gutem Recht, es müßte ein Teppich oder Betten geklopft worden sein. — Die Träume, die sich unmittelbar vor dem Wecken durch ein lautes Geräusch einstellen, haben alle noch den Versuch gemacht, den erwarteten Weckreiz durch eine andere Erklärung abzuleugnen und den Schlaf noch um ein Weilchen zu verlängern.

XII

Wer an dem Gesichtspunkte der Zensur als dem Hauptmotiv der Traumentstellung festhält, der wird nicht befremdet sein, aus den Ergebnissen der Traumdeutung zu erfahren, daß die meisten Träume der Erwachsenen durch die Analyse auf erotische Wünsche zurückgeführt werden. Diese Behauptung zielt nicht auf die Träume von unverhüllt sexuellem Inhalt, die wohl allen Träumern aus eigenem Erleben bekannt sind und gewöhnlich allein als »sexuelle Träume« beschrieben werden. Solche Träume bieten noch immer des Befremdenden genug durch die Auswahl der Personen, die sie zu Sexualobjekten machen, durch die Wegräumung aller Schranken, an denen der Träumer im wachen Leben seine geschlechtlichen Bedürfnisse haltmachen läßt, durch viele sonderbare an das sogenannt Perverse mahnende Einzelheiten. Die Analyse zeigt aber, daß sehr viele andere Träume, die in ihrem manifesten Inhalt nichts Erotisches erkennen lassen, durch die Deutungsarbeit als sexuelle Wunscherfüllungen entlarvt werden, und daß anderseits sehr viele von der Denkarbeit des Wachens als »Tagesreste« erübrigte Gedanken zu ihrer Darstellung im Traum nur durch die Zuhilfenahme verdrängter erotischer Wünsche gelangen.

Zur Aufklärung dieses theoretisch nicht postulierten Sachverhaltes sei darauf hingewiesen, daß keine andere Gruppe von Trieben eine so weitgehende Unterdrückung durch die Anforderung der Erziehung zur Kultur erfahren hat wie gerade die sexuellen, daß aber auch die sexuellen Triebe sich bei den meisten Menschen der Beherrschung durch die höchsten Seeleninstanzen am ehesten zu entziehen verstehen. Seitdem wir die in ihren Äußerungen oft so unscheinbare, regelmäßig übersehene und mißverstandene infantile Sexualität kennen gelernt haben, sind wir berechtigt zu sagen, daß fast jeder Kulturmensch die infantile Gestaltung des Sexuallebens in irgend einem Punkte festgehalten hat, und begreifen so, daß die verdrängten infantilen Sexualwünsche die häufigsten und stärksten Triebkräfte für die Bildung der Träume ergeben.[1]

Wenn es dem Traume, welcher erotische Wünsche zum Ausdrucke bringt, gelingen kann, in seinem manifesten Inhalt harmlos asexuell zu erscheinen, so kann dies nur auf eine Weise möglich werden. Das Material von sexuellen Vorstellungen darf nicht als solches dargestellt werden, sondern muß im Trauminhalt durch Andeutungen, Anspielungen und ähnliche Arten der indirekten Darstellung ersetzt werden, aber zum Unterschied von anderen Fällen indirekter Darstellung muß die im Traum verwendete der unmittelbaren Verständlichkeit entzogen sein. Man hat sich gewöhnt, die Darstellungsmittel, welche diesen Bedingungen entsprechen, als Symbole des durch sie Dargestellten zu bezeichnen. Ein besonderes Interesse hat sich ihnen zugewendet, seitdem man bemerkt hat, daß die Träumer derselben Sprache sich der nämlichen Symbole bedienen, ja, daß in einzelnen Fällen die Symbolgemeinschaft über die Sprachgemeinschaft hinausreicht. Da die Träumer die Bedeutung der von ihnen verwendeten Symbole selbst nicht kennen, bleibt es zunächst rätselhaft, woher deren Beziehung zu dem durch sie Ersetzten und Bezeichneten rührt. Die Tatsache selbst ist aber unzweifelhaft und wird für die Technik der Traumdeutung bedeutsam, denn mit Hilfe einer Kenntnis der Traumsymbolik ist es möglich, den Sinn einzelner Elemente des Trauminhaltes, oder einzelner Stücke des Traumes, oder mitunter selbst ganzer Träume zu verstehen, ohne den Träumer nach seinen Einfällen befragen zu müssen. Wir nähern uns so dem populären Ideal einer Traumübersetzung und greifen anderseits auf die Deutungstechnik der alten Völker zurück, denen Traumdeutung mit Deutung durch Symbolik identisch war.

Wiewohl die Studien über die Traumsymbole von einem Abschluß noch weit entfernt sind, können wir doch eine Reihe von allgemeinen Behauptungen und von speziellen Angaben über dieselben mit Sicherheit vertreten. Es gibt Symbole, die fast

[1] Vergl. hierzu des Verfassers »Drei Abhandlungen zur Sexualtheorie« 1905, fünfte Auflage 1922. (Ges. Werke, Bd. V.)

allgemein eindeutig zu übersetzen sind, so bedeuten Kaiser und Kaiserin (König und Königin) die Eltern, Zimmer stellen Frauen(zimmer) dar, die Ein- und Ausgänge derselben die Körperöffnungen. Die größte Zahl der Traumsymbole dient zur Darstellung von Personen, Körperteilen und Verrichtungen, die mit erotischem Interesse betont sind, insbesondere können die Genitalien durch eine Anzahl von oft sehr überraschenden Symbolen dargestellt werden und finden sich die mannigfaltigsten Gegenstände zur symbolischen Bezeichnung der Genitalien verwendet. Wenn scharfe Waffen, lange und starre Objekte wie Baumstämme und Stöcke das männliche Genitale; Schränke, Schachteln, Wagen, Öfen den Frauenleib im Traume vertreten, so ist uns das Tertium comparationis, das Gemeinsame dieser Ersetzungen, ohne weiteres verständlich, aber nicht bei allen Symbolen wird uns das Erfassen der verbindenden Beziehungen so leicht gemacht. Symbole wie das der Stiege und des Steigens für den Sexualverkehr, der Krawatte für das männliche Glied, des Holzes für den Frauenleib fordern unseren Unglauben heraus, so lange wir nicht die Einsicht in die Symbolbeziehung auf anderen Wegen gewonnen haben. Eine ganze Anzahl der Traumsymbole ist übrigens bisexuell, kann je nach dem Zusammenhange auf das männliche oder auf das weibliche Genitale bezogen werden.

Es gibt Symbole von universeller Verbreitung, die man bei allen Träumern eines Sprach- und Bildungskreises antrifft, und andere von höchst eingeschränktem, individuellem Vorkommen, die sich ein Einzelner aus seinem Vorstellungsmaterial gebildet hat. Unter den ersteren unterscheidet man solche, deren Anspruch auf Vertretung des Sexuellen durch den Sprachgebrauch ohne weiteres gerechtfertigt wird (wie z. B. aus dem Ackerbau stammenden, vgl. Fortpflanzung, Samen), von anderen, deren Beziehung zum Sexuellen in die ältesten Zeiten und dunkelsten Tiefen unserer Begriffsbildung hinabzureichen scheint. Die symbolbildende Kraft ist für beide oben gesonderten Arten von Symbolen in der Gegenwart nicht erloschen. Man kann beobachten, daß neu erfundene Gegenstände (wie das Luftschiff) sofort zu universell gebräuchlichen Sexualsymbolen erhoben werden.

Es wäre übrigens irrtümlich zu erwarten, eine noch gründlichere Kenntnis der Traumsymbolik (der »Sprache des Traumes«) könnte uns von der Befragung des Träumers nach seinen Einfällen zum Traume unabhängig machen und uns gänzlich zur Technik der antiken Traumdeutung zurückführen. Abgesehen von den individuellen Symbolen und den Schwankungen im Gebrauch der universellen, weiß man nie, ob ein Element des Trauminhaltes symbolisch oder im eigentlichen Sinne zu deuten ist, und weiß man mit Sicherheit, daß nicht aller Inhalt des

Traumes symbolisch zu deuten ist. Die Kenntnis der Traumsymbolik wird uns immer nur die Übersetzung einzelner Bestandteile des Trauminhaltes vermitteln und wird die Anwendung der früher gegebenen technischen Regeln nicht überflüssig machen. Sie wird aber als das wertvollste Hilfsmittel zur Deutung gerade dort eintreten, wo die Einfälle des Träumers versagen oder ungenügend werden.
Die Traumsymbolik erweist sich als unentbehrlich auch für das Verständnis der sogenannten »typischen« Träume der Menschen und der »wiederkehrenden« Träume des Einzelnen. Wenn die Würdigung der symbolischen Ausdrucksweise des Traumes in dieser kurzen Darstellung so unvollständig ausgefallen ist, so rechtfertigt sich diese Vernachlässigung durch den Hinweis auf eine Einsicht, die zu dem Wichtigsten gehört, was wir über diesen Gegenstand aussagen können. Die Traumsymbolik führt weit über den Traum hinaus; sie gehört nicht dem Traume zu eigen an, sondern beherrscht in gleicher Weise die Darstellung in den Märchen, Mythen und Sagen, in den Witzen und im Folklore. Sie gestattet uns, die innigen Beziehungen des Traumes zu diesen Produktionen zu verfolgen; wir müssen uns aber sagen, daß sie nicht von der Traumarbeit hergestellt wird, sondern eine Eigentümlichkeit — wahrscheinlich unseres unbewußten Denkens ist, welches der Traumarbeit das Material zur Verdichtung, Verschiebung und Dramatisierung liefert.[1]

XIII

Ich erhebe weder den Anspruch, hier auf alle Traumprobleme Licht geworfen, noch die hier erörterten überzeugend erledigt zu haben. Wer sich für den ganzen Umfang der Traumliteratur interessiert, der sei auf das Buch von Sante de Sanctis: I sogni, Torino 1899, verwiesen; wer die eingehendere Begründung der von mir vorgetragenen Auffassung des Traumes sucht, der wende sich an meine Schrift: Die Traumdeutung, Leipzig und Wien 1900. Ich werde nur noch darauf hinweisen, in welcher Richtung die Fortsetzung meiner Darlegungen über die Traumarbeit zu verfolgen ist.
Wenn ich als die Aufgabe einer Traumdeutung die Ersetzung des Traumes durch die latenten Traumgedanken, also die Auflösung dessen, was die Traumarbeit gesponnen hat, hinstelle, so werfe ich einerseits eine Reihe von neuen psychologischen

[1] Weiteres über die Traumsymbolik findet man außer in den alten Schriften zur Traumdeutung (Artemidorus von Daldis, Scherner, »Das Leben des Traumes«, 1861) in der »Traumdeutung« des Verfassers, in den mythologischen Arbeiten der psychoanalytischen Schule und auch in den Arbeiten von W. Stekel (»Die Sprache des Traumes«, 1911).

Problemen auf, die sich auf den Mechanismus dieser Traumarbeit selbst wie auf die Natur und die Bedingungen der sogenannten Verdrängung beziehen; anderseits behaupte ich die Existenz der Traumgedanken, als eines sehr reichhaltigen Materials psychischer Bildungen von höchster Ordnung und mit allen Kennzeichen normaler intellektueller Leistung versehen, welches Material sich doch dem Bewußtsein entzieht, bis es ihm durch den Trauminhalt entstellte Kunde gegeben hat. Solche Gedanken bin ich genötigt, bei jedermann als vorhanden anzunehmen, da ja fast alle Menschen, auch die normalsten, des Träumens fähig sind. An das Unbewußte der Traumgedanken, an dessen Verhältnis zum Bewußtsein und zur Verdrängung knüpfen die weiteren, für die Psychologie bedeutsamen Fragen an, deren Erledigung wohl aufzuschieben ist, bis die Analyse die Entstehung anderer psychopathischer Bildungen, wie der hysterischen Symptome und der Zwangsideen, klargelegt hat.

Träume im Folklore
(Sigmund Freud und Ernst Oppenheim)

»Celsi praetereunt austera poemata ramnes.«
Persius, ›Satirae‹

Der eine von uns (O.) hat bei seinen Folklorestudien an den dort erzählten Träumen zwei Beobachtungen gemacht, die ihm der Mitteilung wert erschienen sind. Erstens, daß die in diesen Träumen angewendete Symbolik sich vollkommen mit der von den Psychoanalytikern angenommenen deckt, und zweitens, daß eine Anzahl dieser Träume vom Volke so gefaßt wird, wie sie auch die Psychoanalyse deuten würde, nämlich nicht als Hinweise auf eine zu enthüllende Zukunft, sondern als Wunscherfüllungen, Befriedigungen von Bedürfnissen, die sich während des Schlafzustandes zeigen. Gewisse Eigenheiten dieser durchwegs indezenten, als Schwänke erzählten Träume haben es dann dem anderen von uns (Fr.) nahegelegt, eine Deutung derselben zu versuchen, welche sie doch als ernsthafter und beachtenswerter erscheinen läßt.

I. Penis-Symbolik in Folklore-Träumen

Der Traum, den wir voranstellen, obwohl er keine symbolische Darstellung enthält, klingt fast wie ein Hohn auf die prophetische und ein Plädoyer für die psychologische Traumdeutung.

Prophetische und psychologische Traumdeutung

Penissymbole 1
Anthrop. VII. S. 450.
Südslavische Volksüberlieferungen, die sich auf den Geschlechtsverkehr beziehen, gesammelt und erläutert v. Fr. S. Krauss.

No. 820: *Eine Traumdeutung.*

Ein Mädchen erhob sich von ihrer Bettstatt und erzählte der Mutter, wie ihr ein gar wunderbarer Traum geträumt.

Nun, was hat dir da geträumt? fragte sie die Mutter.

Wie soll ich es dir nur sagen, ich weiß selber nicht wie, so etwas Langes, Rotes und Abgestumpftes.

Das Lange bedeutet einen Weg, sagte die Mutter nachsinnend, einen langen Weg, das Rote bedeutet Freude, doch weiß ich nicht, was ihm das Abgestumpfte bedeuten mag.

Des Mädchens Vater, der sich inzwischen ankleidete und alles mit anhörte, was Mutter und Tochter daherredeten, murmelte da mehr in sich hinein: »Das gleicht ja einigermaßen meinem Prächtigen.«

Vgl. dazu Anthrop. I. S. 4 No. 5.

Das judendeutsche Sprichwort: Die Gans träumt vom Kukuruz und die Kalle (Braut) vom Wonz (Zumpt).

Es ist sehr viel bequemer die Traumsymbolik im Folklore als in den wirklichen Träumen zu studieren. Der Traum ist genötigt zu verbergen und liefert seine Geheimnisse nur der Deutung aus; diese Schwänke aber, die sich als Träume verkleiden, wollen mitteilen, zur Lust dessen, der sie vorbringt, wie dessen, der sie anhört, und setzen deshalb die Deutung ungescheut zum Symbol hinzu. Sie freuen sich der Bloßlegung der verhüllenden Symbole.

Im nachstehenden Vierzeiler erscheint der Penis als Szepter:

PENISSYMBOLE 3

2. Niederösterreich. Schnadahüpfeln
Anthrop. V 152.

S. 151 Niederösterreichische Schnadahüpfeln.
Gesam. v. Dr. Herm. Rollett.
No. 2: Heut Nacht hat ma tramt i wa König im Land,
Und wie i bin munter wurn hab i in Schwaf in
da Hand.

Man vergleiche mit diesem »Traum« die folgenden Beispiele, in denen die nämliche Symbolik außerhalb des Traumes gebraucht wird.

Krypt. IV S. 111 N. 160.
(aus den österr. Alpen)
Herzig schöns Deandl
I hab di so gern
Gib dir n Zepter ind Hand
Kannst Königin wern.

Aus Gaming Nied. Österr.
Anthrop. III 190 N. 85, 4.
Napoleon Bonaparte sprach
Einst zu seinem Sohne
So lang der Schwanz das Zepter is
Bleibt die Fut die Krone

Der künstlerischen Phantasie beliebt eine andersartige Variation dieser symbolischen Verherrlichung des Genitales. Auf einem großartigen Blatte von *Felicien Rops*[1], das die Überschrift führt:

[1] Das erotische Werk des *Felicien Rops*. Zweiundvierzig Radierungen. Privatdruck 1905.

»Tout est grand chez les rois« sieht man eine nackte Königsgestalt mit den Zügen des Roi Soleil, dessen riesenhafter, bis zur Höhe der Hände erhobener Penis selbst eine Krone trägt. Die rechte Hand balanciert ein Szepter, während die linke einen großen Reichsapfel umfaßt, der durch eine mittlere Furche eine unverkennbare Ähnlichkeit mit einem anderen erotisch begehrten Körperteil gewinnt. Der Zeigefinger der linken Hand ist in diese Spalte eingeschlagen (Blatt 20).

[Randbemerkung, E.O.]
Wie bei Rops der Apfel ist auf einem röm. Relief des Amphitheaters von Nimes das Ei durch eine entsprechende Einkerbung zum Symbol des weibl. Geschlechtsteiles umgestaltet. Auch hier fehlt das männliche Komplement nicht. Es erscheint als ein zum Vogel wunderlich herausstaffierter Phallus, der auf 4 Eiern der geschilderten Art sitzt, man könnte fast (stenographisch: sagen) brütet.
(Kraus, Dulaure, Jacques Antoine (1755–1835), Die Zeugung in Glauben, Sitten und Bräuchen der Völker, ins Deutsche übersetzt und ergänzt von F. S. Krauss und Karl Reiskel, Leipzig, 1909. Privatdruck. S. 204 Abb. N. 191.)

In dem nun mitzuteilenden schlesischen Volkslied wird ein Traum nur fingiert, um einen anderen Hergang zu decken. Der Penis erscheint hier als *Wurm* (dicker Regenwurm), der in das Mädchen hineingekrochen ist und zur richtigen Zeit als *Würmchen* (Kind) wieder herauskriecht.

Anthrop. VII S. 369.
PENISSYMBOLE 2 *(Wurm)*

Schlesische Volkslieder aufgezeichnet von Dr. v. Waldheim
Lied vom Regenwurm
Susanna lag im feuchten Grase
Und träumte schlummernd von dem Lieb,
Ein Lächeln spielte um ihre Nase,
Sie dachte an den Herzensdieb.

Da plötzlich ward, o Traum, o banger,
Aus ihrem Liebsten hold und fein
Ein dicker Regenwurm, ein langer,
Der kroch ihr in den Bauch hinein.

Voll Schreck erwacht das junge Mädchen
Und eilte weinend hin zum Städtchen,
Erzählte jammernd groß und klein:
»Ein Regenwurm kroch in mich 'nein.«

Die Mutter hörte diesen Jammer
Und hat gezetert und geflucht,

Sie zog das Mädchen in die Kammer
Und hat es gründlich untersucht.

Sie forschte nach dem Regenwurme,
Doch leider ohne Resultat,
Drum eilte sie davon im Sturme
Und hat 'ne weise Frau gefragt.

Die legte dem Mädchen gar schlau die Karten
Und sprach darauf: »Wir müssen warten.
Herzbube hab' ich umsonst befragt,
Will sehen, was der König sagt. –

Rotkönig zeigte klar und deutlich,
Der Wurm kroch wirklich in die Maid,
Doch ist's zum Eingriff noch zu zeitlich,
Denn jedes Ding braucht seine Zeit.«

Susanna hört die trübe Kunde
Und schloß sich traurig ein zuhaus.
Da endlich naht die bange Stunde
Und glücklich kriecht das Würmchen aus.

Drum, Mädchen, nehmt euch bei der Nase
Und schlummert träumend nicht im Grase,
Sonst kriecht euch auch zur Angst und Pein
Son 'n dicker Regenwurm hinein. –

Vgl. dazu S. 359 und die südslav. Fassungen bei Krauss, Die Zeugung in Sitte, Brauch und Glauben d. Südslaven, Kryptadia VI. S. 259–269 u. S. 375 f. Anmerkung des Herausgebers.

Die gleiche Symbolisierung des Penis als *Wurm* ist aus zahlreichen zotigen Witzen bekannt.[1]
Der nun folgende Traum symbolisiert den Penis als *Dolch*, indem er die träumende Frau an einem Dolch ziehen läßt, um sich zu erstechen, während sie vom Manne geweckt und gemahnt wird, ihm nicht das Glied auszureißen.

S. 289: *Ein böser Traum.*
Es träumte einem Frauenzimmer, es wäre mit ihnen so weit gekommen, daß sie vor dem Feiertag nichts zu essen hatten und auch nichts kaufen konnten. Ihr Mann hatte alles Geld vertrunken. Es blieb nur ein Lotterielos, und auch dies sollte man schon jemandem zum Pfand geben. Dies hielt er noch zurück, denn am zweiten Jänner sollte die Ziehung sein. Er

[1] [E. O.] (Anmerk.)

sagte: »Nun Frau, morgen ist die Ziehung, mag das Los noch eine zeitlang bleiben. Wenn wir nicht gewinnen, dann müssen wir das Los verkaufen oder versetzen.« — »Nun zum Teufel mit ihm, zahlst du nur die Fürchtelei und hast einen Vorteil dabei, wie vom Bock die Milch.« So war der Morgen angebrochen. Sieh, da kam der Zeitungsausträger. Er hielt ihn an, nahm eine Nummer und begann die Liste durchzusehen. Er ließ die Augen über die Ziffern gleiten, alle Kolonnen schaute er durch, seine Nummer war nicht darunter; er traute seinen Augen nicht, sah nochmals durch, und hier traf er schon auf die Nummer seines Loses; und die Nummer des Loses war dieselbe, die Nummer der Serie stimmte aber nicht. Er traute wiederum sich selbst nicht und dachte bei sich: »Das muß ein Irrtum sein. Wart' mal, ich will in die Bank gehen und werde auf jeden Fall Gewißheit erlangen.« So ging er hin mit gesenktem Kopf; unterwegs begegnete ihm ein zweiter Zeitungsausträger. Er kaufte noch eine Nummer von einer zweiten Zeitung, durchsah die Liste und hatte sofort die Nummer seines Loses herausgefunden, auch die Serie war dieselbe, die auch sein Los enthielt. Der Gewinn von 5000 Rubeln fiel auf sein Los. Da stürzte er in das Bankhaus, kam dorthin gelaufen und bat, man sollte ihm den Treffer sofort auszahlen. Der Bankier sagte, daß sie nicht eher auszahlen könnten, erst in einer Woche oder auch in zwei. Er begann zu bitten: »Seid so gut, gebt wenigstens einen Tausender her, den Rest kann ich später bekommen.« Der Bankier schlug es ihm ab, erteilte ihm aber den Rat, sich an jene Privatperson zu wenden, die ihm das Gewinnlos verschaffte. Nun, was war da zu machen? Da erschien, wie aus dem Boden gewachsen, ein Jüdchen. Er roch den Braten und machte ihm den Vorschlag, ihm sofort das Geld auszuzahlen, aber statt 5000 nur 4000. Der fünfte Tausender solle ihm zufallen. Er war über dieses Glück erfreut und entschloß sich, dem Juden den Tausender zu schenken, um nur sofort das Geld zu erhalten. Er nahm vom Juden das Geld und übergab ihm das Los. Dann ging er nach Hause; unterwegs trat er in die Schenke ein, stürzte ein Gläschen hinab, und von dort ging's direkt nach Hause; er ging und grinste und summte ein Liedchen. Das Weib erblickte ihn durch das Fenster und dachte: Da hat er sicherlich das Los verkauft; man sieht, daß er fröhlich ist, wahrscheinlich ist er eingekehrt und hat sich vor Elend angetrunken. Nun trat er ins Haus ein, legte das Geld auf den Tisch in der Küche, dann ging er zum Weibe, ihr die fröhliche Nachricht zu bringen, daß er gewonnen und das Geld erhalten. Bis sie sich in ihrem Glück satt umarmt und abgeküßt, erwischte das dreijährige Töchterchen das Geld und warf es in den Ofen. Nun eilten sie herbei, das Geld zu zählen, da war es nicht mehr da. Es brannte das letzte Päckchen. Vor Wut ergriff er das Mädchen an den Beinen und schleuderte es an den Ofen. Es gab den Geist auf. Da sah er das Unglück, Sibirien konnte er nicht entgehen, packte den Revolver und – puff, schoß er sich in die Brust, und fort war sein Geist. Über solch ein Unglück entsetzt, erwischte sie einen Dolch und wollte sich erstechen. Sie versuchte ihn aus der Scheide zu ziehen und konnte es auf keine Weise. Dann hörte sie, wie vom Himmel, eine Stimme: »Genug, laß' ab, was machst Du?« Sie wachte auf und sah, daß sie nicht an einem Dolch, sondern ihren Mann am Zumpt zog. Und der sagte ihr: »Genug, laß' ab, sonst reißt du mir ihn aus.«

Die Darstellung des Penis als Waffe, schneidendes Messer[1], Dolch etc. ist uns aus den Angstträumen insbesondere abstinenter Frauen vertraut und liegt auch zahlreichen Phobien neurotischer Personen zu Grunde. Die komplizierte Einkleidung des vorstehenden Traumes fordert uns aber zum Versuch heraus, das Verständnis derselben durch psychoanalytische Deutung in Anlehnung an vorher vollzogene Deutungsarbeiten zu klären, wobei wir nicht verkennen, daß wir ein Stück weit über das vom Folklore Gebotene hinausgehen und somit an Sicherheit einbüßen.

Da dieser Traum in eine von der Frau als Traumhandlung ausgeführte sexuelle Aggression ausgeht, liegt es nahe, die materielle Notlage des Trauminhaltes zum Ersatz für eine sexuelle Notlage zu nehmen. Nur die äußerste libidinöse Nötigung kann ja eine solche Aggression des Weibes rechtfertigen. Andere Stücke des Trauminhaltes weisen nach einer ganz bestimmten anderen Richtung hin. Die Schuld für diese Notlage wird dem Manne zugeschrieben (Er hatte alles Geld vertrunken).[2] Wenn dann der Traum den Mann und das Kind aus dem Wege räumt und in geschickter Weise dem eigenen Schuldgefühl an diesen Wünschen ausweicht, indem er das Kind vom Manne töten läßt, worauf sich dieser aus Reue selbst umbringt, so läßt solcher Inhalt des Traumes nach vielfachen Analogien auf eine Frau schließen, die von ihrem Manne unbefriedigt ist und in ihrer Phantasie eine andere Ehe ersehnt. Es ist dabei für die Deutung gleichwertig, ob man diese Unzufriedenheit der Träumerin als eine permanente oder nur als Ausdruck ihrer momentanen Bedürftigkeit auffassen will. Die Lotterie, die im Traume

[1] [Randbemerkung, E. O.] Das Messer führt gewöhnlich ein »Einbrecher«. Auf welche Art von Einbruch er sinnt, zeigt eine sprichwörtl. Redensart: Solingen: nach der Hochzeit wird eingebrochen (Anth. V 182) natürlich mit dem Penis als »Brecheisen« (Anth. VII 33, berlinerisch.)

[2] [Randbemerkung, E. O.] vgl. weiter unten unsere Ausführungen über Heiratsgut als Bezeichnung des Penis, portemonaie für testes c. Scroto Parallelisierung von reicher Potenz mit Reichtum, von Golddurst mit libido.

den kurzdauernden Glückstaumel herbeiführt, könnte man vielleicht als symbolische Andeutung der Ehe verstehen. Es ist dies Symbol aus psychoanalytischer Arbeit noch nicht mit Sicherheit erkannt, aber die Menschen pflegen ja zu sagen, die Ehe sei ein Glücksspiel, man habe in der Ehe das große Los oder eine Niete gezogen.[1] Die Zahlen, die durch die Traumarbeit eine ungeheuerliche Vergrößerung erfahren haben[2], entsprechen dann wohl den »Nummern«, den gewünschten Wiederholungen des befriedigenden Aktes. Man wird so aufmerksam gemacht, daß das Zerren am Glied des Mannes nicht allein die Bedeutung einer libidinösen Provokation hat, sondern auch die Nebenbedeutung einer geringschätzigen Kritik, als wollte die Frau das Glied ausreißen – wie es der Mann richtig auffaßt –, weil es nichts tauge, seine Schuldigkeit nicht tue.
Wir würden nicht bei der Deutung dieses Traumes verweilt und ihn über die offen vorliegende Symbolik hinaus ausgebeutet haben, wenn nicht andere Träume, die gleichfalls mit einer Traumhandlung abschließen, dartun würden, daß hier vom Volke eine typische Situation ins Auge gefaßt wird, die einer einheitlichen Zurückführung fähig ist. (Vgl. unten)

II. Kotsymbolik und entsprechende Traumhandlungen

Die Psychoanalyse hat uns gelehrt, daß in uranfänglichen Kinderzeiten der Kot eine hochgeschätzte Substanz war, an welcher koprophile Triebe ihre Befriedigung fanden. Mit der durch die Erziehung möglichst beschleunigten Verdrängung dieser Triebe verfiel diese Substanz der Verachtung und diente nun bewußten Tendenzen als Ausdrucksmittel der Geringschätzung und des Hohnes. Gewisse seelische Arbeitsweisen wie der Witz verstanden es noch, die verschüttete Lustquelle für einen kurzen Moment zugänglich zu machen, und zeigten so, wie viel von der einstigen Schätzung des Menschen für seinen Kot im Unbewußten noch erhalten geblieben war. Der bedeutsamste Rest dieser früheren Wertung war aber, daß alles Interesse, welches das Kind für den Kot gehabt hatte, sich beim Erwachsenen auf einen anderen Stoff übertrug, den er im Leben fast über alles andere hochstellen lernte, auf das Gold.[3] Wie alt diese Beziehung zwischen Dreck und Gold ist, ersieht man aus einer Bemerkung bei *Jeremias* (Babylonisches im alten Testament 1906,

[1] Ein anderer Lotterietraum in dieser kleinen Sammlung wird uns in dieser Vermutung bestärken.
[2] Die psychoanalytische Erfahrung zeigt, daß die einer Zahl im Traume angehängten Nullen bei der Deutung weggelassen werden können.
[3] Vgl. Charakter und Analerotik. Sammlung kl. Schriften z. Neurosenlehre. Zweite Folge 1909.

p. 96): Das Gold sei nach altorientalischem Mythus Dreck der Hölle.[1]

In den Folkloreträumen wird das Gold auf die eindeutigste Weise als Symbol des Kotes bekannt. Wenn der Schläfer ein Bedürfnis nach Kotentleerung verspürt, träumt er vom Golde, von einem Schatz. Die Einkleidung des Traumes, die dazu bestimmt ist, ihn zur Befriedigung des Bedürfnisses im Bette zu verleiten, läßt gewöhnlich den Kothaufen zum Zeichen für die Stelle machen, an welcher der Schatz gefunden ist, d. h.: der Traum sagt wie durch endopsychische Wahrnehmung direkt, wenn auch in umgekehrter Fassung, das Gold sei ein Zeichen, Symbol, für den Kot.

Ein einfacher solcher Schatz- oder Defäkationstraum ist der in den Facetien des *Poggio* erzählte.

Traumgold

Poggio: Facetien N. 130.

(Bd. IV der »Romanischen Meistererzähler«, S. 103)

Einer erzählt in einer Gesellschaft, daß er im Traume Gold gefunden habe. Darauf gibt ein anderer folgende Geschichte zum besten: (dies wörtlich)

»Mein Nachbar träumte einmal, der Teufel habe ihn auf einen Acker geführt, um Gold zu graben. Er fand aber keines; da sagte der Teufel: ›Es ist schon da, du kannst es nur jetzt nicht heben; aber merk dir die Stelle, damit du sie allein wiedererkennen kannst.‹

Als der andere bat, daß die Stelle durch irgend ein Zeichen kenntlich gemacht würde, meinte der Teufel: Scheiß nur hin, dann wird kein Mensch auf den Gedanken kommen, daß hier Gold verborgen liegt, und du wirst dirs genau merken können. Der Mann tat das auch, wachte dann sofort auf u. fühlte, daß er einen großen Haufen ins Bett gemacht hatte.«

(Der Schluß im Auszug) Wie er aus dem Hause flüchtet, setzt er sich eine Mütze auf, in die während derselben Nacht eine Katze gemacht hat. Er muß sich Kopf und Haare waschen, »So wurde ihm sein Traumgold zu Dreck.«

Tarasevsky: Geschlechtsleben des ukrainischen Bauernvolkes S. 194 N. 122.

Im Traume bekommt ein Bauer vom Teufel, dem er eine Kerze geweiht hat, einen Schatz und setzt einen Haufen als Merkmal. [Das Folgende ist in Bleistift, mit zwei stenographischen Zeichen:] Dazu die dort angegebenen Parallelen. Anth. IV. S. 342–345 N. 580–581.

Wenn in diesen beiden Träumen der Teufel als Schatzspender

[1] [Randbemerkung, E. O.] Mexiko.

und Verführer auftritt, so braucht uns dies nicht zu verwundern, denn der Teufel, selbst ein aus dem Paradies gedrängter Engel, »ist doch gewiß nichts anderes als die Personifikation des verdrängten unbewußten Trieblebens«.[1]

Die Motive dieser einfachen Schwankträume scheinen auch durch die zynische Lust am Schmutzigen und durch die boshafte Befriedigung über die Beschämung des Träumers erschöpft. In anderen Schatzträumen aber wird die Einkleidung des Traumes in mannigfacher Weise variiert und nimmt verschiedene Bestandteile auf, nach deren Herkunft und Bedeutung wir uns fragen dürfen. Denn für ganz willkürlich und bedeutungslos werden wir auch diese Inhalte des Traumes, die die Befriedigung rationalistisch rechtfertigen sollen, nicht ansehen.

In den zwei nächsten Beispielen ereignet sich der Traum nicht einem einsamen Schläfer, sondern einem von zwei Schlafgenossen, die — zwei Männer — ein Bett miteinander teilen. Der Träumer beschmutzt in Folge des Traumes seinen Bettgenossen.

Anthrop. III. S. 72 (Deutsche Bauernerzählungen, gesammelt im Ober- und Unterelsaß von F. Wernert)
No. 15: *Lebhafter Traum.*
Zwei Handwerksburschen kamen müde in eine Herberge und baten um Nachtquartier. »Ja«, sagte der Wirt, »wenn ihr euch nit fürchtet, könnt ihr eine Schlafkammer bekommen, aber da ist es nicht geheuer drinn. Wollt ihr bleiben, bon (gut), dann soll die Herberg, was das Schlafen anlangt, nichts kosten.« Gegenseitig fragten sich die Burschen: »Fürchtest du dich?« — »Nein.« Gut, so packten sie denn noch einen Liter Wein und gingen alsdann in die angewiesene Kammer.

Kaum lagen sie einige Zeit, da öffnete sich die Türe und eine weiße Gestalt schwebte durch das Gemach. Der eine sagte zum anderen: »Hast du nichts gesehen?« — »Ja.« — »Na, warum hast du nichts gesagt?« »Warte nur, s' kommt schon wieder durch das Gemach.« Richtig, abermals schwebte die Gestalt einher. Rasch sprang der eine Bursche auf, doch noch rascher schwebte das Gespenst zur Türspalte hinaus. Der Bursche nicht faul, reißt die Tür auf und sah die Gestalt, eine schöne Frau, schon auf der halben Treppe gehen. »Was macht Ihr da?« rief der Bursche. Die Gestalt blieb stehen, wendete sich um und sprach »So jetzt bin ich erlöst. Schon lange mußt ich wandern. Als Lohn nimm den Schatz, der an der Stelle liegt, wo du eben stehst.« Der Bursche war ebensowohl erschrocken als erfreut, und um die Stelle zu bezeichnen, hob er sein Hemd auf und pflanzte einen ordentlichen Haufen, indem er dachte,

[1] Charakter und Analerotik, p. 136.

dieses Zeichen würde keiner verwischen. Doch wie er am glücklichsten ist, fühlt er sich plötzlich gepackt. »Dü Söikaib« (Du Schweinehund) tönt es an seine Ohren, »schiss mer in min Hem« (machst mir in mein Hemd). Bei diesen groben Worten erwachte der glückliche Träumer aus seinem Märchenglück und flog unsanft aus dem Bette.
Siehe dazu Bd. IV, Roman. Meistererzähler No. 130, S. 103 [mit Bleistift] Poggio: Facetien: Traumgold.

Anthropophyteia. Bd. VI (Skatologische Erzählungen aus Preuss. Schlesien von Dr. v. *Waldheim*)
S. 346 No. 737: *Er schiss aufs Grab.*
In ein Hotel kehrten zwei Herren ein, aßen zu Nacht und tranken und wollten schließlich schlafen gehen. Sie sagten zum Wirte, er möge ihnen eine Stube anweisen. Da alles besetzt war, überließ ihnen der Wirt sein Bett, damit sie gemeinsam darin schlafen, er aber werde sich schon anderswo eine Schlafstelle ausfindig machen. Die zwei legen sich in ein Bett nieder. Dem einen erschien im Traum ein Geist, der eine Kerze anzündete und ihn zum Friedhof hinführte. Das Friedhoftor öffnete sich, der Geist aber mit der Kerze in der Hand und hinterdrein dieser Herr schreiten zum Grabe eines Mädchens hin. Als sie zum Grab hingelangt, verlosch auf einmal die Kerze. »Was fang ich jetzt an? Wie werde ich morgen, wenn es Tag worden, erfahren, welches das Mädchengrab ist?« fragte er im Traume. Es kam ihm ein rettender Gedanke, er zog die Leinenhosen aus und beschiß sich aufs Grab. Nachdem er sich beschissen, schlug ihn sein Kamerad, der an seiner Seite schlief, auf die eine und die andere Wange: »Was, du wirst mir gar ins Gesicht scheissen?«

In diesen beiden Träumen treten an Stelle des Teufels andere unheimliche Gestalten auf, Gespenster nämlich, als Geister Verstorbener. Der Geist im zweiten Traum führt den Träumer selbst auf den Friedhof, wo er mit der Kotentleerung ein bestimmtes Grab bezeichnen soll. Ein Teil dieser Situation ist nun sehr leicht zu verstehen. Der Schläfer weiß, daß das Bett nicht der geeignete Ort für die Befriedigung seines Bedürfnisses ist; er läßt sich also im Traum von diesem wegführen und erschafft sich eine Person, die seinem dunkeln Drange den rechten Weg zeigt zu dem anderen Ort, wo die Befriedigung des Bedürfnisses gestattet, ja durch die Umstände geboten ist. Der Geist im zweiten Traum bedient sich sogar bei dieser Führung einer Kerze, wie es ein Hausdiener tun würde, der den Fremden im Dunkel der Nacht zum W.C. geleitet. Warum sind aber diese Repräsentanten des Triebes zur Ortsveränderung, die sich der bequeme Schläfer durchaus ersparen will, so unheimliche Gesellen wie Gespenster und Geister von Verstorbenen, warum führt der

Geist im zweiten Traum auf einen Friedhof wie zur Schändung eines Grabes? Diese Elemente scheinen doch mit dem Drang zur Kotentleerung und der Symbolisierung des Kotes durch Gold nichts zu tun (zu) haben. Es zeigt sich in ihnen ein Hinweis auf eine Angst, die man etwa auf ein Bemühen die Befriedigung im Bett zu unterdrücken, zurückführen könnte, ohne daß diese Angst gerade den spezifischen Charakter des auf den Tod hindeutenden Trauminhaltes erklärte. Wir enthalten uns hier noch der Deutung und heben ferner als erklärungsbedürftig hervor, daß in diesen beiden Situationen, wo zwei Männer miteinander schlafen, das unheimliche des gespenstischen Führers mit einem Weib in Zusammenhang gebracht ist. Der Geist des ersten Traumes enthüllt sich bald als eine schöne Frau, die sich nun erlöst fühlt, und der Geist des zweiten Traumes nimmt zum Ziel das Grab eines Mädchens, welches mit der Kennzeichnung versehen werden soll.

Wir wenden uns zur weiteren Aufklärung an andere solche Defakationsträume, in denen die Schlafgenossen nicht mehr zwei Männer, sondern Mann und Frau, ein Ehepaar sind. Die im Schlaf in Folge des Traumes vollzogene Befriedigungshandlung erscheint hier besonders abstoßend, verbirgt aber vielleicht gerade darum einen besonderen Sinn.

Wir schicken hier seiner inhaltlichen Beziehungen zu den nachstehenden einen Traum voraus, der strenge genommen obiger Ankündigung nicht entspricht. Er ist insofern unvollständig, als die Beschmutzung der Bettgenossin und Ehegattin entfällt. Dafür ist der Zusammenhang des Defäkationsdranges mit der Todesangst überdeutlich. Der Bauer, der als verheiratet bezeichnet ist, träumt, daß er vom Blitze erschlagen wird und daß seine Seele zum Himmel schwebt. Oben bittet er noch einmal zur Erde zurückkehren zu dürfen, um Frau und Kinder zu sehen, bekommt die Erlaubnis, sich in eine Spinne zu verwandeln und sich an dem selbstgesponnenen Faden herabzulassen. Der Faden wird zu kurz und im Bestreben, noch mehr vom Faden aus seinem Leib herauszudrücken, erfolgt die Kotentleerung.

Anthr. VI. S. 431, No. 9. Skatologische Erzählungen aus Preußisch-Schlesien von Dr. von Waldheim.

Traum und Wirklichkeit.

Ein Bauer lag im Bett und träumte. Er sah sich auf dem Felde bei seinen Ochsen und ackerte. Da fuhr plötzlich ein Blitz hernieder und erschlug ihn. Nun fühlte er deutlich, wie seine Seele nach oben schwebte und auch schließlich im Himmel ankam. Petrus stand an der Eingangstüre und wollte den Bauern einfach hineinschicken. Dieser aber bat, noch einmal auf die Erde hinunter zu dürfen, um sich von seiner Frau und seinen Kindern wenigstens verabschieden zu können. Petrus aber meinte, das ginge nicht, und wer einmal im Himmel sei, den lasse man nicht wieder auf die Welt. Jetzt weinte der Bauer und bat jämmerlich bis Petrus endlich nachgab. Es gab nämlich nur eine Möglichkeit für den Bauern, die Seinen wiederzusehen, wenn ihn Petrus in ein Tier verwandelte und hinabschickte. So wurde der Bauer zu einer Spinne und spann einen langen Faden, an dem er sich hinunterließ. Als er ungefähr in Schornsteinhöhe über seinem Gehöfte angekommen war, und seine Kinder schon auf der Wiese spielen sah, merkte er zu seinem Schrecken, daß er nicht mehr weiterspinnen könnte. Die Angst war natürlich groß, denn er wollte doch gänzlich auf die Erde. Deshalb drückte und drückte er, damit der Faden länger würde. Er drückte aus Leibeskräften – da gab es einen Krach – und der Bauer erwachte. – Ihm war während des Schlafes etwas sehr Menschliches passiert.

Wir begegnen hier dem gesponnenen Faden als einem neuen Symbol des entleerten Kotes, während uns die Psychoanalyse zu dieser Symbolisierung kein Gegenstück liefert, sondern dem Faden eine andere symbolische Bedeutung zuweist. Dieser Widerspruch wird späterhin seine Erledigung finden.
Der nächste, reich ausgeschmückte und scharf pointierte Traum ist sozusagen »geselliger«; er geht in die Beschmutzung der Ehefrau aus. Seine Übereinstimmungen mit dem vorstehenden Traum sind aber ganz auffällige. Der Bauer ist zwar nicht gestorben, aber er befindet sich im Himmel, will zur Erde zurückkehren und verspürt die gleiche Verlegenheit, einen genug langen Faden zu »spinnen«, an dem er sich herablassen kann. Diesen Faden schafft er sich aber nicht als Spinne aus seinem Körper, sondern in weniger phantastischer Weise aus allem, was er zusammenknüpfen kann, und wie der Faden noch immer nicht reicht, raten ihm die Englein direkt zu scheißen, um den Strick durch den Dreck zu verlängern.

»Geschlechtsleben des ukrainischen Bauernvolkes«
S. 196. *Des Bauern Himmelfahrt*
Ein Bauer träumte folgendes: Er hatte erfahren, daß im Himmel der Weizen in hohem Preise steht. Da kriegte er Lust, seinen Weizen dorthin zu fahren. Er belud seinen Wagen, spannte das Pferd ein und machte sich auf den Weg. Er fuhr weit dahin, erblickte die Himmelstraße und lenkte hin. So kam er an das Himmelstor, und sieh da, es stand offen. Er nahm einen direkten Anlauf, um stracks hineinzufahren, – kaum hatte er aber den Wagen hingelenkt, – schwups, da krachte das Tor zu. Da begann er zu bitten: »Laßt mich hinein, seid so gut.« Die Engel aber ließen ihn nicht hinein, sagten, er habe sich verspätet. Da sah er ein, daß hier kein Geschäft zu machen sei, – es war ihm halt nicht beschieden,

und so kehrte er um. Doch sieh' da. Der Weg war verschwunden, den er gefahren. Was sollte er da machen? Er wandte sich wieder an die Engel: »Täubchen seid so gut, führt mich zur Erde zurück, wenn's möglich ist, gebt mir einen Weg, damit ich mit dem Gefährt nach Hause gelange.« Die Engel aber sagten: »Nein, Menschenkind, dein Gefährt bleibt hier, und du fahre hinunter wie du willst.« — »Wie werde ich mich da hinablassen, hab' keinen Strick.« — »Such nur etwas, womit du dich hinablassen könntest.« So nahm er halt die Zügel, den Halfter, den Zaum, knüpfte alles aneinander und begann sich hinabzulassen; er kroch und kroch, blickte hinunter, es fehlte noch viel bis zur Erde. Er kroch wieder zurück und verlängerte das Geknüpfte noch mit dem Gurt und Rückenriemen. Nun begann er wieder hinabzuklettern, und es langte noch immer nicht hinab zur Erde. Er knüpfte dann die Deichsel mit dem Wagengestell (?) an, es war noch zu kurz. Was war da zu tun? Er sann hin und her, und dann meinte er: »Na, ich wills noch mit dem Rock, mit den Hosen, mit dem Hemd und obendrein mit dem Hosenbund verlängern.« So machte er's auch, knüpfte alles zusammen und kletterte weiter. Am Ende des Hosenbandes angelangt, war es noch immer weit zur Erde. Nun wußte er nicht, was er machen sollte; er hatte nichts mehr zum Weiteranknüpfen, und hinabzuspringen war's gefährlich, er konnte sich das Genick brechen. Bat er wieder die Engel: »Seid so gut, führt mich zur Erde.« Die Engel sagten: »Scheiß, und aus dem Dreck wird ein Strick.« — Er schiß und schiß beinahe eine halbe Stunde, bis er nicht mehr womit zu scheißen hatte (bis er fertig war). Es ward daraus ein langer Strick, und er kletterte an ihm hinab. Er kletterte und kletterte und gelangte an das Ende des Strickes, zur Erde aber war's noch immer weit. Da begann er wieder die Engel zu bitten, sie möchten ihn zur Erde bringen. Die Engel aber sagten: »Nun, jetzt, Menschenkind, brunze, und daraus wird eine Seidenschnur.« Der Bauer brunzte, brunzte immer fort, bis er nicht mehr konnte. Er sah, daß dadurch wahrhaftig eine Seidenschnur geworden, und er kletterte weiter. Er kletterte und kletterte und gelangte an's Ende, sieh' da, es reichte zur Erde nicht, es fehlten noch 1½—2 Klafter. Er bat die Engel wieder, ihn hinabzuführen. Die Engel aber sagten: »Nein, Bruder, jetzt ist dir nicht zu helfen, jetzt spring nur hinunter.« Der Bauer zappelte unentschlossen, fand nicht den Mut hinabzuspringen, dann aber sah er ein, daß ihm kein anderer Ausweg blieb und plumps; statt vom Himmel flog er vom Ofen herunter und kam erst mitten in der Stube zur Besinnung. Da wachte er auf und rief: »Weib, Weib, wo bist du?« — Das Weib wachte auf, sie hatte das Gepolter gehört und sagte: »Pfui Teufel über dich, bist du verrückt geworden?« Tastete um sich herum und sah die Bescherung: ihr Mann hatte sie ganz beschissen und bebrunzt. Sie begann zu schimpfen und ihm ordentlich den Kopf zu waschen. Der Bauer sagte: »Was schreist du? Es ist ohnehin ein Verdruß. Das Pferd ist verloren, im Himmel geblieben, und ich wäre bald auch zu Grunde gegangen. Sag', Gott sei Dank, daß ich wenigstens am Leben geblieben.« – »Was schwatzt du da, du bist ganz übergeschnappt; das Pferd ist im Stall, und du warst auf dem Ofen, hast mich ganz besudelt und bist dann hinabgesprungen.« Da faßte sich der Mann, erst jetzt ging ihm ein Licht auf, daß er alles bloß geträumt und dann erzählte er seinem Weibe den Traum, wie er in den Himmel fuhr und wie er von dort wieder zur Erde gelangte.

Hier drängt uns aber die Psychoanalyse eine Deutung auf, welche die ganze Auffassung dieser Gattung von Träumen verändert. Gegenstände, die sich verlängern, sagt uns die Erfahrung der Traumdeutung, sind durchwegs Symbole für die Erektion.[1] In diesen beiden Schwankträumen liegt der Akzent auf dem Element, daß der Faden nicht lang genug werden will, und auch die Angst ist im Traume gerade daran geknüpft. Der Faden ist überdies wie alle seine Analoga (Strick, Seil, Zwirn etc.) ein Symbol des Samens.[2] Der Bauer bemüht sich also, eine Erektion zustandezubringen, und erst als dies nicht gelingt, wendet er sich zur Kotentleerung. Hinter der exkrementellen Not dieser Träume kommt mit einem Male die sexuelle Not zum Vorschein.

Diese eignet sich aber auch viel besser dazu, die übrigen Inhaltsbestandteile des Traumes zu erklären. Man muß sich sagen, wenn wir annehmen wollen, diese erfundenen Träume seien im wesentlichen korrekt gebildet, so kann die Traumhandlung, in der sie enden, nur eine sinnvolle und von den latenten Gedanken des Träumers beabsichtigt sein. Wenn der Träumer am Ende sein Eheweib bekackt, so muß der ganze Traum dahin zielen und diesen Effekt motivieren. Er kann nichts anderes bedeuten, als eine Schmähung, strenger genommen, eine Verschmähung des Weibes. Mit dieser ließe sich dann die tiefere Bedeutung der im Traume ausgedrückten Angst leicht in Verbindung bringen.

Die Situation, aus welcher dieser letzte Traum erwächst, können wir nach diesen Andeutungen in folgender Art konstruieren. Den Schläfer überfällt ein starkes erotisches Bedürfnis, welches im Eingang des Traumes in ziemlich deutlichen Symbolen angezeigt ist.(Er hat gehört, daß der Weizen [wohl gleich Samen]

[1] [Randbemerkung, E. O.]. In einer Geschichte aus der Picardie dient als symb. Abbild der Erektion die Verschiebung eines Fingerringes nach abwärts. Je tiefer der Ring sinkt, desto länger – die Analogie wirkt natürlich zaubermächtig – wird der Penis. (Krypt. I N. 32.)

[2] Vgl. *Stekel*, Die Sprache des Traumes, 1911.

hoch im Preise steht. Er nimmt einen Anlauf, um mit Pferd und Wagen [Genitalsymbole] ins offene Himmelstor einzufahren.) Aber diese libidinöse Regung gilt wahrscheinlich einem nicht erreichbaren Objekt. Das Tor schließt sich, er gibt die Absicht auf und will zur Erde zurückkehren. Das Eheweib, das nahe bei ihm ruht, reizt ihn aber nicht; er bemüht sich vergebens, für sie eine Erektion zu haben. Der Wunsch, sie zu beseitigen, um sie durch eine andere und bessere zu ersetzen, ist im infantilen Sinne ein Todeswunsch. Wer solche Wünsche im Unbewußten gegen eine eigentlich doch geliebte Person hegt, dem wandeln sie sich in Todesangst, Angst um das eigene Leben. Daher in diesen Träumen das Gestorbensein, die Himmelfahrt, die heuchlerische Sehnsucht, Weib und Kinder wiederzusehen. Die enttäuschte sexuelle Libido aber läßt sich auf dem Wege der Regression durch die exkrementelle Wunschregung ablösen, welche das untaugliche Sexualobjekt beschimpft und besudelt.
Wenn uns dieser eine Traum eine solche Deutung nahelegt, so kann deren Erweis unter Rücksicht auf die Eigentümlichkeiten des vorliegenden Materials nur gelingen, indem wir dieselbe Deutung auf eine ganze Reihe von inhaltlich verwandten Träumen anwenden. Greifen wir in dieser Absicht auf die früher erwähnten Träume der Situation zurück, daß der Schläfer einen Mann zum Bettgenossen hat. Dann wird uns nachträglich die Beziehung bedeutungsvoll, in welcher das Weib in diesen Träumen auftritt. Der Schläfer, von einer libidinösen Regung befallen, verschmäht den Mann, er wünscht ihn weit weg und ein Weib an seine Stelle. Der Todeswunsch gegen den unerwünschten Bettgenossen wird von der moralischen Zensur natürlich nicht so schwer gestraft wie der gegen die Ehefrau, aber die Reaktion reicht doch hin, um ihn gegen die eigene Person oder auf das erwünschte weibliche Objekt zu wenden. Der Schläfer wird selbst vom Tode geholt, nicht der Mann, sondern das ersehnte Weib ist verstorben. Am Ende aber bricht sich die Verschmähung des männlichen Sexualobjektes in der Besudelung Bahn, und diese wird auch vom anderen wie eine Beschimpfung empfunden und geahndet.
Unsere Deutung paßt also für diese Gruppe von Träumen. Wenn wir nun zu den Träumen mit Besudelung der Frau zurückkehren, so sind wir darauf vorbereitet, daß wir das an dem Mustertraum Vermißte oder nur Angedeutete in anderen ähnlichen Träumen unverkennbar ausgedrückt finden werden.
Im folgenden Defäkationstraum ist die Beschmutzung der Frau nicht betont, aber mit aller Deutlichkeit, soweit es auf symbolischem Wege geschehen kann, ist gesagt, daß die libidinöse Regung einer anderen Frau gilt. Der Träumer will nicht seinen eigenen Acker beschmutzen, sondern will zur Defäkation auf das Feld des Nachbarn.

Anthrop. Bd. IV. Deutsche Bauernerzählungen. Gesammelt im Ober- und Unter-Elsaß von F. Wernert. S. 138 No. 173.

Du Stück Vieh.

Ein Bauer träumte, auf dem Kleeacker bei der Arbeit zu sein. Darüber kam ihm harte Not an, und da er seinen Klee nicht verdrecken wollte, eilte er an den im Nachbarstück stehenden Baum, riß die Hosen runter und schmetterte einen Fladen Numero Pfiff auf den Boden. Endlich wie er mit Genuß fertig war, will er sich auch säubern und beginnt, kräftig Gras ab zurupfen. Aber was war denn das? Jählings fuhr unser Bäuerlein aus dem Schlafe auf und hielt sich seine schmerzend brennende Wange an die es eben geklatscht hatte. »Du taub stickel Vieh«, hört da der zu sich kommende Bauer dessen Weib neben ihm im Bett poltern, »bruchsch m'r au noch d'Hoor volls (= vollends) vum Lieb (= Leib) hinweg ropfe.«

Das Ausrupfen der Haare (des Grases), welches hier die Stelle[1] der Besudelung einnimmt, findet sich im nächsten Traume neben derselben erwähnt. Die psychoanalytische Erfahrung zeigt, daß es aus dem Symbolkreis der Onanie (ausreißen, abreißen) stammt.

Der Unterstützung am ehesten bedürftig erschiene in unserer Deutung der Todeswunsch des Träumers gegen sein Weib. Aber in dem nun mitzuteilenden Traum begräbt der Träumer direkt sein, heuchlerisch als Schatz bezeichnetes — Weib, indem er das Gefäß, welches das Gold enthält, in die Erde eingräbt und, wie wir es in den Schatzträumen gewohnt waren, den Kothaufen als Zeichen darauf pflanzt. Während des Grabens arbeitet er mit den Händen in der Vagina seiner Frau.[2]

Anthrop. V. Schwänke und Schnurren niederösterreichischer Landleute. Von A. Riedl. No. 19 (S. 140).

Der Traum vom Schatz.

A Baua hat amal an fürchtalichen Tram ghabt. 'S is eahm grad virkömma, als obs Kriagzeit wa' und de ganze Gegend von de feindlichn Soldatn plindert wurt. Er hat awa an Schatz ghabt, um den eahm so baung war, das er gar net recht aus und ei' damit gewisst hat und wo - er - a 'n eigentli vastecken soll. Endli kummt a drauf, das a 'nin sein' Gartn vagrabt, wo - r - a a recht a schens Platzl gewußt hat. No also, es tramt eahm halt weida, wie - r - a just aussigeht und zu den Platzl kummt, wo - r - a d' Erde aufgrabn wüll, damit a den großen Kruach ins Loch einistelln kaun. Wie - r - a awa so nach an Grabscheit suacht, findt a rundemadum nix und muaß schließli d' Händ

[1] [An dieser Stelle ist am Rand ein Fragezeichen von E. O.]
[2] [Randbemerkung, E. O.] Bedeutung?

dazua nehma. Er macht also 's Loch mit de bloßn Händ, stellt 'n Plutza mit 'n Geld eini und schitt das Gaunzi wieda mit Erdn zua. Hiatz will a geh, bleib awa nomal steh und denkt si: »Waun awa d' Soldatn wieda weg san, wia wir' i daun mein Schatz findn, waun i net a Zoacha hintua?« Und glei fängt a ins Suachn an, suacht ibarall, obn, unt, hint und vurn, wo-r-a nur kaun, ja er findt halt nirgands nix, damit a glei immer wußt, wo-r-a sei Geld vagrabn hat. No, da kummt eahm awa grad d' Not au. »A«, sagt a zu eahm seba, »'S is a so guat, waun i drauf scheiß.« Ziagt natirli d' Hosen glei a und macht an recht an trum Haufn auf de Stell, w-r-a 'n Plutza rinigstellt hat. Drauf siacht a danebn a Bischl Gras und will 's ausreißen, damit a si awischn kann. Den Moment kriagt a awa so a trum Watschn, das a augnblickli munta wird und gaunz vaduzt dreiguckt. Und glei drauf hert a, wia 'n sei Weib, das gaunz aus 'n Häusl is, anbrüllt: »Du Patznlippl, Du elendiga, glaubst i muaß ma allas von Dir gfalln lassn? Z'erscht stierst ma mit Deine zwa Händ in da Fumml um, daun scheißt ma drauf und hiatz willst ma gar no d'Haar a davo ausreißn.«

Wir sind mit diesem Traumbeispiel wieder zu den Schatzträumen zurückgekehrt, von denen wir ausgegangen sind, und bemerken, daß jene Defäkationsträume, die von einem Schatz handeln, nichts oder wenig von Todesangst enthalten, wogegen die anderen, in denen die Todesbeziehung direkt ausgesprochen ist (Himmelfahrtsträume) vom Schatze absehen und die Defäkation anders motivieren. Es ist beinahe, als ob die heuchlerische[1] Verwandlung des Weibes in einen Schatz die Bestrafung für den Todeswunsch erspart hätte.
Am deutlichsten wird der Todeswunsch gegen das Weib in einem anderen Himmelfahrtstraum eingestanden, der aber nicht in eine Defäkation auf den Körper des Weibes, sondern in eine sexuelle Vornahme an ihren Genitalien, wie schon im vorigen Traum, ausgeht. Der Träumer verkürzt direkt das Leben des Weibes, um seines zu verlängern, indem er Öl aus ihrer Lebenslampe in die seinige tut. Wie zum Ersatz für diese unverhohlene Feindseligkeit tritt zum Schluß des Traumes etwas wie ein Versuch einer Liebkosung auf.

Anthr. IV. S. 255. No. 10:
Das Lebenslicht.
Erzählt von einem Gymnasiallehrer in Belgrad nach der Mitteilung einer Bäuerin aus der Gegend von Kragujevac.
Der heilige Petrus erschien einem Manne, als der fest eingeschlafen war, und führte ihn ins Paradies weg. Von Herzen gern willigte der Mann ein und ging mit dem heiligen Petrus.

[1] [Randbemerkung von E. O., der »heuchlerische« unterstrichen hat.] ? Aber d. Schatz-Traum des einen Schlafgenossen.

Lange irrten sie im Paradies umher und kamen zu einem großen und geräumigen, dabei sehr schön in Ordnung gehaltenen Wäldchen, allwo auf jedem Baume mehrere Hängelampen brannten. Der Mann fragte den heiligen Petrus, was das hier bedeuten solle. Der heilige Petrus antwortete, das wären Hängelampen, die nur solange brannten, als da der Mensch lebe, sowie jedoch das Öl verschwände und die Hängelampe verlöschte, müßte auch der Mensch sofort versterben. Das hat den sehr interessiert, und er bat den heiligen Petrus, er möge ihn zu seiner Hängelampe führen. Der heilige Petrus erhörte die Bitte und geleitete ihn zur Hängelampe seines Weibes hin, und gleich dabei befand sich auch die des Mannes. Der Mann sah, daß in der Hängelampe des Weibes noch viel Öl vorhanden sei, in seiner eigenen aber sehr wenig, und es tat ihm sehr leid, weil er bald sterben müßte, und da bat er den heiligen Petrus, er möchte noch ein wenig Öl in seine Hängelampe zugießen. Der heilige Petrus sagte, Gott schütte das Öl gleich bei der Geburt eines Menschen ein und bestimme jedem die Lebensdauer. Das versetzte den Mann in trübe Stimmung, und er jammerte neben der Hängelampe. Der heilige Petrus sprach zu ihm: »Bleib du jetzt da, ich aber muß weitergehen, ich habe noch zu tun.« Der Mann freute sich dessen, und kaum rückte der heilige Petrus aus der Sehweite, begann er den Finger in seines Weibes Hängelampe einzutunken und in seine das Öl einzutröpfeln. So tat er es mehrmals, und sobald als der heilige Petrus naht, fuhr er zusammen, erschrak und erwachte davon, und da merkte er, daß er den Finger in des Weibes Voz eingetunkt und leckend in seinen Mund den Finger abgeträufelt habe.

Anmerkung.[1] Nach einer von einem Handwerker in Sarajevo erzählten Fassung erwachte der Mann nach einer Ohrfeige seiner Ehegattin, die er mit dem Herumbohren in ihrer Scham aufgeweckt. Hier fehlt der heilige Petrus, und statt der Hängelampen brennende Gläser mit Öl. — Nach einer dritten Fassung, die ich von einem Schüler aus Mostar erfahren, zeigt ein ehrwürdiger Greis dem Manne verschiedene brennende Kerzen. Seine ist sehr dünn, die des Weibes riesig dick. Nun beginnt der Mann, um sein Leben zu verlängern, mit brennendem Eifer die dicke Kerze zu belecken. Da kriegt er aber eine gewaltige Watschen. Daß du ein Vieh bist, das wußte ich, doch daß du ein Ferkel bist, das wußte ich wahrhaftig nicht, sagte sein Weib zu ihm, da er im Schlaf die Voze beleckte.

Die Geschichte ist außerordentlich weit in Europa verbreitet.

Es ist jetzt an der Zeit, uns an den »bösen Traum« jener Frau zu erinnern, die am Ende ihren Mann am Gliede zog, als ob sie es ausreißen wollte. Die Deutung, zu welcher wir uns dort veran-

[1] [Randbemerkung, E. O.] Kryptadia V. S. 15 (ganz ähnlich aus der *Ukraine*)

laßt sahen, stimmt mit der hier vertretenen Deutung der Defäkationsträume des Mannes völlig zusammen. Aber auch der Traum der unbefriedigten Frau schafft den Mann (und das Kind) als Hindernis für die Befriedigung ungeniert beiseite.
Ein anderer Defäkationstraum, dessen Deutung vielleicht keine volle Sicherheit gestattet, mahnt uns doch, eine gewisse Abänderung in der Absicht dieser Träume zuzulassen, und wirft ein neues Licht auf Träume wie die letzterwähnten und einige noch mitzuteilende, in denen die Traumhandlung in einer Manipulation an den Genitalien des Weibes besteht.

> Anthrop. V.
> Südslavische Volksüberlieferungen, die sich auf den Geschlechtsverkehr beziehen. Von Dr. Friedr. S. Krauss.
> S. 293 No. 697: *Vor Schrecken.*
> Der Pascha nächtigte beim Begen. Als der Morgen tagte, da lag noch der Beg und mochte nicht aufstehen. Fragt der Beg den Pascha: »Was hat mir geträumt?« – »Ich träumte, auf dem Minaret wäre noch ein Minaret gewesen.« – »Uf, das wäre«, wundert sich der Beg. »Und was hast du noch geträumt?« – »Ich träumte«, sagte er, »auf diesem Minaret stünde ein Kupferbecken, im Becken aber wäre Wasser. Der Wind weht, das Kupferbecken wiegt sich. Ja, was hättest du getan, wenn du dies geträumt hättest?« – »Ich hätte mich vor Schrecken sowohl bepißt als beschissen.« – »Und siehst du, ich habe mich bloß bepißt.«

Eine Aufforderung zur symbolischen Deutung dieses Traumes liegt darin, daß sein manifester Inhalt recht unverständlich, die Symbole aber eher aufdringlich klar sind. Warum sollte der Träumer eigentlich erschrecken, wenn er ein Wasserbecken sich auf der Spitze eines Minarets wiegen sieht? Ein Minaret ist aber vortrefflich zum Symbol des Penis geeignet, und das rhythmisch bewegte Wassergefäß scheint ein gutes Symbol des weiblichen Genitales im Koitusakte. Der Pascha hat also einen Koitustraum gehabt, und wenn ihm von seinem Gastgeber zugemutet wird, dabei zu defäzieren, so liegt es nahe, die Deutung darin zu suchen, daß beide alte und impotente Männer sind, bei denen das Alter dieselbe sprichwörtliche Ersetzung der Geschlechtslust durch die exkrementelle Lust hervorgerufen hat, die wir in den anderen Träumen durch die Versagung des geeigneten Sexualobjektes entstanden sahen. Wer nicht mehr koitieren kann, meint das Volk in seiner derben Wahrheitsliebe, dem bleibt noch das Vergnügen am Scheißen; bei dem, können wir sagen, kommt die Analerotik wieder zum Vorschein, die früher da war als die Genitalerotik und durch diese jüngere Regung verdrängt und abgelöst wurde. Die Defäkationsträume konnten also auch Impotenzträume sein.

Die Abänderung der Deutung ist nicht so erheblich, wie es auf den ersten Blick scheinen könnte. Auch bei den Defäkationsträumen, deren Opfer das Weib wird, handelt es sich um Impotenz, relative Impotenz allerdings gegen die eine Person, welche ihren Reiz für den Träumer eingebüßt hat. Der Defäkationstraum wird so zum Traum des Mannes, der das Weib nicht mehr befriedigen kann, wie jenes Mannes, den ein Weib nicht mehr befriedigt.
Die nämliche Deutung als Impotenztraum läßt nun auch ein Traum in den Facetien des *Poggio* zu, der sich manifest allerdings als der Traum eines Eifersüchtigen gebärdet, also doch eines Mannes, der seiner Frau nicht zu genügen vermeint.

Poggio: Facetien N. 133, S. 105 der Übersetzung von Alfred Semerau (Bd. IV von »Romanische Meistererzähler«, herausgegeben v. F. S. Krauss).
Der Ring der Treue.
Franciscus Philelphus war eifersüchtig auf sein Weib und wurde von der größten Sorge gequält, daß sie es mit einem anderen Mann hielte u. Tag u. Nacht lag er auf der Lauer. Da uns nun im Traume wiederzukehren pflegt, was uns im Wachen beschäftigt, so erschien ihm während seines Schlummers ein Dämon, der sagte ihm, wenn er nach seinem Geheiß täte, würde ihm sein Weib ewig die Treue halten.
Franciscus sagte es ihm im Traume zu, er würde ihm sehr dankbar sein u. versprach ihm eine Belohnung.
»Nimm den Ring da«, erwiderte der Dämon, »und trag ihn sorgfältig am Finger. So lang du ihn trägst, kann dein Weib mit keinem anderen zusammenliegen, ohne daß du es weißt.«
Wie er froh erregt aufwachte, fühlte er daß sein Finger in der Vulva seiner Frau stecke.
Ein besseres Mittel haben die Eifersüchtigen nicht, so können ihre Weiber nie ohne Wissen der Männer sich von einem anderen vornehmen lassen.

Als Quelle dieses Schwankes von *Poggio* gilt eine Erzählung [von] *Rabelais*, die, sonst sehr ähnlich, insoferne deutlicher ist, als sie den Ehemann direkt auf seine alten Tage ein junges Weib heimführen läßt, die ihm nun Grund zu eifersüchtigen Befürchtungen gibt.

Rabelais: Pantagruel, Buch II., cap. 28, S. 139 der Übersetzung von Hegaur u. Owlglass.
»Hans Carvel war ein gelehrter, erfahrener, fleißiger Mann, ein Ehrenmann von gutem Verstand und Urteil, wohlwollend, barmherzig gegen die Armen und ein heiterer Philosoph; zu allem ein wackerer Kumpan, der gern seine Späße machte, ein bißchen wohlbeleibt allerdings und wackelköpfig, aber sonst

in allewege gut beieinander. Auf seine alten Tage ehelichte er die Tochter des Amtsmanns Concordat, ein junges, dralles, artiges, munteres und gefälliges Weiblein, bloß eben ein wenig sehr freundlich gegen die Herren Nachbarn und Hausknechte. So kam's, daß er im Verlaufe etlicher Wochen eifersüchtig ward wie ein Tiger und argwöhnte, sie möchte sich eines Tages in einer fremden Werkstatt besohlen lassen. Um dem vorzubauen, erzählt' er ihr einen ganzen Schock schönner Historien von den Strafen des Ehebruchs, las ihr oft liebliche Legenden von sittsamen Frauen vor, predigt' ihr das Evangelium der Keuschheit, schrieb ihr ein Büchlein Lobgesänge auf die eheliche Treue, tadelte mit scharfen und eindringlichen Worten die Lüderlichkeit unzüchtiger Eheweiber und schenkt' ihr obendrein noch ein prächtiges Halsband, das rings mit orientalischen Saphiren besetzt war.

Aber dessen ohngeachtet sah er sie also freundlich und zutunlich mit den Nachbarn umgehen, daß seine Eifersucht nur immer mehr anstieg. In einer Nacht nun, da er in so leidvollen Gedanken mit ihr zu Bett lag, träumt' ihm, er spreche mit dem Leibhaftigen und klage ihm seinen Kummer. Aber der Teufel tröstet' ihn, steckt' ihm einen Ring an den Finger und sprach: ›Nimm hier diesen Ring; solang du ihn am Finger trägst, wird dein Weib ohne dein Wissen und Wollen von keinem anderen fleischlich erkannt werden.‹ — ›Viel tausend Dank, Herr Teufel‹, sagte Hans Carvel. ›Ich will Mahomet verleugnen, wenn ich je den Ring vom Finger ziehe.‹ Der Teufel verschwand; Hans Carvel aber erwachte frohen Herzens und fand, daß er den Finger in seiner Frau Wieheißtsdochgleich hatte.

Ich vergaß zu erzählen, wie das Weiblein, da sie's verspürte, mit dem Steiß nach hinten bockte, als wollt' sie sagen: ›Halt, nein — nein, da herein gehört was anderes‹, was den Hans Carvel bedeucht', als wollt' man ihm seinen Ring abziehen.

Ist das kein unfehlbar Mittel? Glaub' mir, handle nach diesem Vorbild und trag' Sorge, allzeit deines Weibes Ring am Finger zu haben.«[1]

Der Teufel, der wie in den Schatzträumen hier als Ratgeber auftritt, läßt wohl einiges von den latenten Gedanken des Träumers

[1] [Fußnote von Freud.] Auf diese Symbolik des Ringes und des Fingers bezieht sich *Goethe* in einem venetianischen Epigramm (Nr. 65 der Paralipomena. Sophienausgabe, 5 Bd. II, p. 381).

»Köstliche Ringe besitz ich! Gegrabne fürtreffliche Steine
Hoher Gedanken und Styls fasset ein lauteres Gold.
Theuer bezahlt man die Ringe geschmückt mit feurigen Steinen
Blinken hast du sie oft über dem Spieltisch gesehen.
Aber ein Ringelchen kenn ich, das hat sich anders gewaschen
Das Hans Carvel einmal traurig im Alter besaß.
Unklug schob er den kleinsten der zehen Finger ins Ringchen,
Nur der größte gehört würdig, der eilfte, hinein.«

erraten. Er sollte wohl ursprünglich das ungetreue, schwer zu bewachende Weib »holen«[1]; er zeigte dann im manifesten Traum das unfehlbare Mittel, wie man es dauernd bewahren kann. Auch hierin erkennen wir eine Analogie mit dem Beseitigungs-(Todes-)Wunsch der Defäkationsträume.
Wir wollen diese kleine Sammlung beschließen, indem wir in lockerem Zusammenhange einen Lotterietraum anfügen, welcher unsere vorhin geäußerte Vermutung, die Lotterie symbolisiere die Eheschließung, unterstützen kann.

Geschlechtsleben des ukrainischen Bauernvolkes.
S. 40. *Es gab eine Reue, doch gab's kein Zurück.*
Ein Kaufmann hatte einen wunderlichen Traum. Er träumte, daß er einen weiblichen Arsch mit allem Zugehör gesehen. Auf der einen Hälfte stand die Ziffer 1, auf der zweiten 3. Der Kaufmann hatte noch vorher im Sinne, ein Lotterielos zu kaufen. Dieses Traumbild deucht ihm eine Glückverkündigung. Ohne die neunte Stunde abzuwarten, lief er gleich in der Früh in's Bankgeschäft, um das Los zu kaufen. Er kam dort an, und ohne sich lange zu besinnen, verlangte er das Los No. 13, diejenigen Zahlen, die er im Traume gesehen. Nachdem er das Los gekauft, verging kein Tag, an dem er nicht in allen Zeitungen nachgesehen hätte, ob sein Los gewonnen. Nach einer Woche, nein spätestens nach etwa anderthalb, bekommt man die Ziehungsliste. Wie er nun nachschaut, sieht er, daß seine Nummer nicht gezogen worden, wohl aber die Nummer 103, Serie 8, und die gewann 200 000 Rubel. Der Kaufmann hätte sich beinahe die Haare ausgerauft. »Ich muß mich wohl geirrt haben, es ist etwas nicht richtig.« Er war ganz aus dem Häuschen, er ward beinahe trübsinnig und begriff nicht, was das bedeutete, daß er so einen Traum gesehen. Dann beschloß er mit seinem Freunde die Sache zu erörtern, ob dieser ihm nicht (das Pech) erklären könnte. Er begegnete dem Freunde, erzählte ihm alles haarklein. Da sagte der Freund: »Ach, du Einfaltspinsel. Hast du denn nicht am Arsch zwischen der Nummer 1 und 3 die Null bemerkt? ...« — »A-a-ah, der Teufel hol's, ich bin gar nicht darauf verfallen, daß der Arsch die Null vorstellte.« — »Aber es war doch ganz klar und deutlich, du hast nur nicht die Losnummer richtig herausgefunden, und die Nummer 8 der Serie — das stellte dein Voz vor, die ist der Ziffer 8 ähnlich.« Und es gab eine Reue, doch gab's kein Zurück.

Unsere Absicht bei der Abfassung dieser kleinen Arbeit war eine zweifache. Wir wollten einerseits mahnen, daß man sich durch die oft abstoßend schmutzige und indezente Art des volkstüm-

[1] [Am Rand ein Fragezeichen von E. O.]

lichen Materials nicht abhalten lassen solle, in demselben nach wertvollen Bestätigungen für die psychoanalytischen Auffassungen zu suchen. So konnten wir diesmal feststellen, daß das Folklore Traumsymbole in der nämlichen Weise deutet wie die Psychoanalyse, und daß es im Gegensatz zu laut ausgesprochenen volkstümlichen Meinungen eine Gruppe von Träumen auf aktuell gewordene Bedürfnisse und Wünsche zurückführt. Anderseits möchten wir aussprechen, daß man dem Volke unrecht tut, wenn man annimmt, daß es diese Art der Unterhaltung nur zur Befriedigung der gröbsten Gelüste pflegt. Es scheint vielmehr, daß sich hinter diesen häßlichen Façaden seelische Reaktionen auf ernst zu nehmende, ja traurig stimmende Lebenseindrücke verbergen, denen sich der Mann aus dem Volke nur nicht ohne einen groben Lustgewinn hingeben will.

Ein Traum als Beweismittel

Eine Dame, die an Zweifelsucht und Zwangszeremoniell leidet, stellt an ihre Pflegerinnen die Anforderung, von ihnen keinen Moment aus den Augen gelassen zu werden, weil sie sonst zu grübeln beginnen würde, was sie in dem unbewachten Zeitraum Unerlaubtes getan haben mag. Wie sie nun eines Abends auf dem Diwan ausruht, glaubt sie zu bemerken, daß die diensthabende Pflegerin eingeschlafen ist. Sie fragt: Haben Sie mich gesehen?; die Pflegerin fährt auf und antwortet: Ja, gewiß. Die Kranke hat nun Grund zu einem neuen Zweifel und wiederholt nach einer Weile dieselbe Frage. Die Pflegerin beteuert es von neuem; in diesem Augenblicke bringt eine andere Dienerin das Abendessen.

Dies ereignet sich eines Freitag abends. Am nächsten Morgen erzählt die Pflegerin einen Traum, der die Zweifel der Patientin zerstreut.

Traum: *Man hat ihr ein Kind gegeben, die Mutter ist abgereist, und sie hat das Kind verloren. Sie fragt unterwegs die Leute auf der Straße, ob sie das Kind gesehen haben. Dann kommt sie an ein großes Wasser, geht über einen schmalen Steg.* (Dazu später ein Nachtrag: *Auf diesem Steg ist plötzlich die Person einer anderen Pflegerin wie eine Fata Morgana vor ihr aufgetaucht.) Dann ist sie in einer ihr bekannten Gegend und trifft dort eine Frau, die sie als Mädchen gekannt hat, die damals Verkäuferin in einem Eßwarengeschäft war, später aber geheiratet hat. Sie fragt die vor ihrer Tür stehende Frau: Haben Sie das Kind gesehen? Die Frau interessiert sich aber nicht für diese Frage, sondern erzählt ihr, daß sie jetzt von ihrem Manne geschieden ist, wobei sie hinzufügt, daß es auch in der Ehe nicht immer glücklich geht. Dann wacht sie beruhigt auf und denkt sich, das Kind wird sich schon bei einer Nachbarin finden.*

Analyse: Von diesem Traum nahm die Patientin an, daß er sich auf das von der Pflegerin abgeleugnete Einschlafen beziehe. Was ihr die Pflegerin, ohne ausgefragt zu werden, im Anschluß an den Traum erzählte, setzte sie in den Stand, eine praktisch zureichende, wenn auch an manchen Stellen unvollständige Deutung des Traumes vorzunehmen. Ich selbst habe nur den Bericht der Dame gehört, nicht die Pflegerin gesprochen; ich werde, nachdem die Patientin ihre Deutung vorgetragen hat, hinzufügen, was sich aus unserer allgemeinen Einsichtnahme in die Gesetze der Traumbildung ergänzen läßt.

»Die Pflegerin sagt, bei dem Kind im Traume denke sie an eine Pflege, von welcher sie sich außerordentlich befriedigt gefühlt habe. Es handelte sich um ein an blennorrhoischer Augenentzündung erkranktes Kind, das nicht sehen konnte. Aber die Mutter dieses Kindes reiste nicht ab, sie nahm an der Pflege teil. Dagegen weiß ich, daß mein Mann, der viel auf diese Pflegerin hält, mich ihr beim Abschied zur Behütung übergeben hat, und daß sie ihm damals versprach, auf mich achtzugeben — wie auf ein Kind!«

Wir erraten anderseits aus der Analyse der Patientin, daß sie sich mit ihrer Forderung, nicht aus den Augen gelassen zu werden, selbst in die Kindheit zurückversetzt hat.

»Sie hat das Kind verloren«, fährt die Patientin fort, »heißt, sie hat mich nicht gesehen, hat mich aus den Augen verloren. Das ist ihr Geständnis, daß sie wirklich eine Weile geschlafen und mir dann nicht die Wahrheit gesagt hat.«

Das Stückchen des Traumes, in dem die Pflegerin bei den Leuten auf der Straße nach dem Kinde fragt, blieb der Dame dunkel, dagegen weiß sie über die weiteren Elemente des manifesten Traumes gute Auskunft zu geben.

»Bei dem großen Wasser denkt sie an den Rhein, aber sie setzt hinzu, es war doch weit größer als der Rhein. Sie erinnert sich dann, daß ich ihr am Abend vorher die Geschichte von Jonas und dem Walfisch vorgelesen und erzählt habe, daß ich selbst einmal im Ärmelkanal einen Walfisch gesehen. Ich meine, das große Wasser ist das Meer, also eine Anspielung auf die Geschichte von Jonas.«

»Ich glaube auch, daß der schmale Steg aus der nämlichen, in Mundart geschriebenen lustigen Geschichte herrührt. In ihr wird erzählt, daß der Religionslehrer den Schulkindern das wunderbare Abenteuer des Jonas vorträgt, worauf ein Knabe den Einwand macht, das könne doch nicht sein, denn der Herr Lehrer habe ein anderes Mal gesagt, der Walfisch habe einen so engen Schlund, daß er nur ganz kleine Tiere schlucken könne. Der Lehrer hilft sich mit der Erklärung, Jonas sei eben ein Jude gewesen, und der drücke sich überall durch. Meine Pflegerin ist sehr religiös, aber zu religiösen Zweifeln geneigt, und ich habe mir darum Vorwürfe gemacht, daß ich durch meine Vorlesung vielleicht ihre Zweifel angeregt habe.«

»Auf diesem schmalen Steg sah sie nun die Erscheinung einer anderen ihr bekannten Pflegerin. Sie hat mir deren Geschichte erzählt, diese ist in den Rhein gegangen, weil man sie aus der Pflege, in der sie sich etwas hatte zu Schulden kommen lassen, weggeschickt hatte.[1] Sie fürchtet also auch wegen jenes Ein-

[1] Ich habe mir an dieser Stelle eine Verdichtung des Materials zu Schulden kommen lassen, die ich bei einer Revision der Niederschrift von der referierenden Dame korrigieren konnte. Die als Erscheinung auf dem Steg auftretende Pflegerin hatte

schlafens weggeschickt zu werden. Übrigens hat sie am Tage nach dem Vorfall und der Traumerzählung heftig geweint und mir, auf meine Frage nach ihren Gründen, recht barsch geantwortet: ›Das wissen Sie so gut wie ich, und jetzt werden Sie kein Vertrauen mehr zu mir haben.‹«
Da die Erscheinung der ertränkten Pflegerin ein Nachtrag, und zwar von besonderer Deutlichkeit war, hätten wir der Dame raten müssen, die Traumdeutung an diesem Punkte zu beginnen. Diese erste Hälfte des Traumes war nach dem Berichte der Träumerin auch von heftigster Angst erfüllt, im zweiten Teil bereitet sich die Beruhigung vor, mit welcher sie erwacht.
»Im nächsten Stück des Traumes«, setzt die analysierende Dame fort, »finde ich wieder einen sicheren Beweis für meine Auffassung, daß es sich darin um den Vorfall am Freitag abends handelt, denn mit der Frau, die früher Verkäuferin in einem Eßwarengeschäft war, kann nur das Mädchen gemeint sein, welches damals das Nachtmahl brachte. Ich bemerke, daß die Pflegerin den ganzen Tag über Üblichkeiten geklagt hatte. Die Frage, die sie an die Frau richtet: ›Haben Sie das Kind gesehen?‹, ist ja offenbar abgeleitet von meiner Frage: ›Haben Sie mich gesehen?‹, wie meine Formel lautet, die ich eben zum zweitenmal stellte, als das Mädchen mit den Schüsseln eintrat.«
Auch im Traume wird an zwei Stellen nach dem Kinde gefragt. – Daß die Frau keine Antwort gibt, sich nicht interessiert, möchten wir als eine Herabsetzung der anderen Dienerin zugunsten der Träumerin deuten, die sich im Traume über die andere erhebt, gerade weil sie gegen Vorwürfe wegen ihrer Unachtsamkeit anzukämpfen hat.
»Die im Traume erscheinende Frau ist nicht wirklich von ihrem Manne geschieden. Die ganze Stelle stammt aus der Lebensgeschichte des anderen Mädchens, welches durch das Machtwort ihrer Eltern von einem Manne fern gehalten – geschieden – wird, der sie heiraten will. Der Satz, daß es in der Ehe auch nicht immer gut abgeht, ist wahrscheinlich ein Trost, der in Gesprächen der beiden zur Verwendung kam. Dieser Trost wird ihr zum Vorbild für einen anderen, mit dem der Traum schließt: Das Kind wird sich schon finden.«
»Ich habe aber aus diesem Traume entnommen, daß die Pflege-

sich in der Pflege nichts zu Schulden kommen lassen. Sie wurde weggeschickt, weil die Mutter des Kindes, die zur Abreise genötigt war, erklärte, sie wolle in ihrer Abwesenheit eine ältere – also doch verläßlichere – Warteperson bei dem Kinde haben. Daran reiht sich eine zweite Erzählung von einer anderen Pflegerin, die wirklich wegen einer Nachlässigkeit entlassen worden war, sich darum aber nicht ertränkt hatte. Das für die Deutung des Traumelements nötige Material ist hier, wie sonst nicht selten, auf zwei Quellen verteilt. Mein Gedächtnis vollzog die zur Deutung führende Synthese. – Übrigens findet sich in der Geschichte der ertränkten Pflegerin das Moment des Abreisens der Mutter, welches von der Dame auf die Abreise ihres Mannes bezogen wird. Wie man sieht, eine Überdeterminierung, welche die Eleganz der Deutung beeinträchtigt.

rin an jenem Abend wirklich eingeschlafen war und darum weggeschickt zu werden fürchtet. Ich habe darum den Zweifel an meiner eigenen Wahrnehmung aufgegeben. Übrigens hat sie nach der Erzählung des Traumes hinzugefügt, sie bedauere es sehr, daß sie kein Traumbuch mitgebracht habe. Als ich bemerkte, in solchen Büchern stehe doch nur der schlimmste Aberglaube, entgegnete sie, sie sei gar nicht abergläubisch, aber das müsse sie sagen: alle Unannehmlichkeiten ihres Lebens seien ihr immer an Freitagen passiert. Außerdem behandelt sie mich jetzt schlecht, zeigt sich empfindlich, reizbar und macht mir Szenen.«

Ich glaube, wir werden der Dame zugestehen müssen, daß sie den Traum ihrer Pflegerin richtig gedeutet und verwertet hat. Wie so oft bei der Traumdeutung in der Psychoanalyse, kommen für die Übersetzung des Traumes nicht allein die Ergebnisse der Assoziation in Betracht, sondern auch die Begleitumstände der Traumerzählung, das Benehmen des Träumers vor und nach der Traumanalyse sowie alles, was er ungefähr gleichzeitig mit dem Traume — in derselben Stunde der Behandlung — äußert und verrät. Nehmen wir die Reizbarkeit der Pflegerin, ihre Beziehung auf den unglückbringenden Freitag u. a. hinzu, so werden wir das Urteil bestätigen, der Traum enthalte das Geständnis, daß sie damals, als sie es ableugnete, wirklich eingenickt sei und darum fürchte, von ihrem Pflegekind weggeschickt zu werden.[1]

Aber der Traum, welcher für die Dame eine praktische Bedeutung hatte, regt bei uns das theoretische Interesse nach zwei Richtungen an. Der Traum läuft zwar in eine Tröstung aus, aber im wesentlichen bringt er ein für die Beziehung zu ihrer Dame wichtiges G e s t ä n d n i s. Wie kommt der Traum, der doch der Wunscherfüllung dienen soll, dazu, ein Geständnis zu ersetzen, welches der Träumerin nicht einmal vorteilhaft wird? Sollen wir uns wirklich veranlaßt finden, außer den Wunsch-(und Angst-) Träumen auch Geständnisträume zuzugeben sowie Warnungsträume, Reflexionsträume, Anpassungsträume u. dgl.?

Ich bekenne nun, daß ich noch nicht ganz verstehe, warum der Standpunkt, den meine Traumdeutung gegen solche Versuchungen einnimmt, bei so vielen und darunter namhaften Psychoanalytikern Bedenken findet. Die Unterscheidung von Wunsch-, Geständnis-, Warnungs- und Anpassungsträumen u. dgl. scheint mir nicht viel sinnreicher, als die notgedrungen zugelassene Differenzierung ärztlicher Spezialisten in Frauen-, Kinder- und Zahnärzte. Ich nehme mir die Freiheit, die Erörterungen der Traumdeutung über diesen Punkt hier in äußerster Kürze zu wiederholen.[2]

Als Schlafstörer und Traumbildner könnten die sogenannten

[1] Die Pflegerin gestand übrigens einige Tage später einer dritten Person ihr Einschlafen an jenem Abend zu und rechtfertigte so die Deutung der Dame.

[2] Ges. Werke, Bd. II/III, S. 599 ff.

»Tagesreste« fungieren, affektbesetzte Denkvorgänge des Traumtages, welche der allgemeinen Schlaferniedrigung einigermaßen widerstanden haben. Diese Tagesreste deckt man auf, indem man den manifesten Traum auf die latenten Traumgedanken zurückführt; sie sind Stücke dieser letzteren, gehören also den — bewußt oder unbewußt gebliebenen — Tätigkeiten des Wachens an, die sich in die Zeit des Schlafens fortsetzen mögen. Entsprechend der Mannigfaltigkeit der Denkvorgänge im Bewußten und Vorbewußten haben diese Tagesreste die vielfachsten und verschiedenartigsten Bedeutungen, es können unerledigte Wünsche oder Befürchtungen sein, ebenso Vorsätze, Überlegungen, Warnungen, Anpassungsversuche an bevorstehende Aufgaben usw. Insofern muß ja die in Rede stehende Charakteristik der Träume nach ihrem durch Deutung erkannten Inhalt gerechtfertigt erscheinen. Aber diese Tagesreste sind noch nicht der Traum, vielmehr fehlt ihnen das Wesentliche, was den Traum ausmacht. Sie sind für sich allein nicht imstande, einen Traum zu bilden. Streng genommen sind sie nur psychisches Material für die Traumarbeit, wie die zufällig vorhandenen Sinnes- und Leibreize oder eingeführte experimentelle Bedingungen deren somatisches Material bilden. Ihnen die Hauptrolle bei der Traumbildung zuschreiben, heißt nichts anderes als den voranalytischen Irrtum an neuer Stelle wiederholen, Träume erklärten sich durch den Nachweis eines verdorbenen Magens oder einer gedrückten Hautstelle. So zählebig sind wissenschaftliche Irrtümer und so gern bereit, sich, wenn abgewiesen, unter neuen Masken wieder einzuschleichen.

Soweit wir den Sachverhalt durchschaut haben, müssen wir sagen, der wesentliche Faktor der Traumbildung ist ein unbewußter Wunsch, in der Regel ein infantiler, jetzt verdrängter, welcher sich in jenem somatischen oder psychischen Material (also auch in den Tagesresten) zum Ausdruck bringen kann und ihnen darum eine Kraft leiht, so daß sie auch während der nächtlichen Denkpause zum Bewußtsein durchdringen können. *Dieses* unbewußten Wunsches Erfüllung ist jedesmal der Traum, mag er sonst was immer enthalten, Warnung, Überlegung, Geständnis und was sonst aus dem reichen Inhalt des vorbewußten Wachlebens unerledigt in die Nacht hineinragt. *Dieser* unbewußte Wunsch ist es, welcher der Traumarbeit ihren eigentümlichen Charakter gibt als einer unbewußten Bearbeitung eines vorbewußten Materials. Der Psychoanalytiker kann den Traum nur charakterisieren als Ergebnis der Traumarbeit; die latenten Traumgedanken kann er nicht dem Traume zurechnen, sondern dem vorbewußten Nachdenken, wenngleich er diese Gedanken erst aus der Deutung des Traumes erfahren hat. (Die sekundäre Bearbeitung durch die bewußte Instanz ist hiebei der Traumarbeit zugezählt; es wird an dieser Auffassung nichts geändert, wenn man sie absondert. Man müßte dann sagen: der Traum im psychoanalytischen Sinne umfaßt die eigentliche Traumarbeit und die sekundäre Bearbeitung ihres Ergebnisses.) Der Schluß aus diesen Erwägungen lautet, daß man den Wunscherfüllungscharakter des Traumes nicht in einen Rang mit dessen Charakter als Warnung, Geständnis, Lösungsversuch usw. versetzen darf, ohne den Gesichtspunkt der psychischen Tiefendimension, also den Standpunkt der Psychoanalyse, zu verleugnen.

Kehren wir nun zum Traume der Pflegerin zurück, um an ihm den Tiefencharakter der Wunscherfüllung nachzuweisen. Wir sind darauf vorbereitet, daß seine Deutung durch die Dame keine vollständige ist. Es erübrigen die Partien des Trauminhaltes, denen sie nicht gerecht werden konnte. Sie leidet überdies an einer Zwangsneurose, welche nach meinen Eindrücken das Verständnis der Traumsymbole erheblich erschwert, ähnlich wie die Dementia praecox es erleichtert.

Unsere Kenntnis der Traumsymbolik gestattet uns aber, ungedeutete Stellen dieses Traumes zu verstehen und hinter den bereits gedeuteten einen tieferen Sinn zu erraten. Es muß uns auffallen, daß einiges Material, welches die Pflegerin verwendet, aus dem Komplex des Gebärens, Kinderhabens kommt. Das große Wasser (der Rhein, der Kanal, in dem der Walfisch gesehen wurde) ist wohl das Wasser, aus dem die Kinder kommen. Sie kommt ja auch dahin »auf der Suche nach dem Kinde«. Die Jonasmythe hinter der Determinierung dieses Wassers, die Frage, wie Jonas (das Kind) durch die enge Spalte kommt, gehören demselben Zusammenhang an. Die Pflegerin, die sich aus Kränkung in den Rhein gestürzt hat, ins Wasser gegangen ist, hat ja auch in ihrer Verzweiflung am Leben eine sexualsymbolische Tröstung an der Todesart gefunden. Der enge Steg, auf dem ihr die Erscheinung entgegentritt, ist sehr wahrscheinlich gleichfalls als ein Genitalsymbol zu deuten, wenngleich ich gestehen muß, daß dessen genauere Erkenntnis noch aussteht.

Der Wunsch: ich will ein Kind haben, scheint also der Traumbildner aus dem Unbewußten zu sein, und kein anderer scheint besser geeignet, die Pflegerin über die peinliche Situation der Realität zu trösten. »Man wird mich wegschicken, ich werde mein Pflegekind verlieren. Was liegt daran? Ich werde mir dafür ein eigenes, leibliches verschaffen.« Vielleicht gehört die ungedeutete Stelle, daß sie alle Leute auf der Straße nach dem Kinde fragt, in diesen Zusammenhang; sie wäre dann zu übersetzen: und müßte ich mich auf der Straße ausbieten, ich werde mir das Kind zu schaffen wissen. Ein bisher verdeckter Trotz der Träumerin wird hier plötzlich laut, und zu diesem paßt erst das Geständnis: »Also gut, ich habe die Augen zugemacht und meine Verläßlichkeit als Pflegerin kompromittiert, ich werde jetzt die Stelle verlieren. Werde ich so dumm sein, ins Wasser zu gehen wie die X? Nein, ich bleibe überhaupt nicht Pflegerin, ich will heiraten, Weib sein, ein leibliches Kind haben, daran lasse ich mich nicht hindern.« Diese Übersetzung rechtfertigt sich durch die Erwägung, daß »Kinderhaben« wohl der infantile Ausdruck des Wunsches nach dem Sexualverkehr ist, wie es auch vor dem Bewußtsein zum euphemistischen Ausdruck dieses anstößigen Wunsches gewählt werden kann.

Das für die Traumerin nachteilige Geständnis, zu dem wohl im Wachleben eine gewisse Neigung vorhanden war, ist also im Traume ermöglicht worden, indem ein latenter Charakterzug der Pflegerin sich desselben zur Herstellung einer infantilen Wunscherfüllung bediente. Wir dürfen vermuten, daß dieser Charakter in innigem Zusammenhang — zeitlichem wie inhaltlichem — mit dem Wunsche nach Kind und Sexualgenuß steht.

Eine weitere Erkundigung bei der Dame, der ich das erste Stück dieser Traumdeutung danke, förderte folgende unerwartete Aufschlüsse über die Lebensschicksale der Pflegerin zutage. Sie wollte, ehe sie Pflegerin wurde, einen Mann heiraten, der sich eifrig um sie bemühte, verzichtete aber darauf infolge des Einspruches einer Tante, zu welcher sie in einem merkwürdigen, aus Abhängigkeit und Trotz gemischten Verhältnis steht. Diese Tante, die ihr das Heiraten versagte, ist selbst Oberin eines Krankenpflegeordens; die Träumerin sah in ihr immer ihr Vorbild, sie ist durch Erbrücksichten an sie gebunden, widersetzte sich ihr aber, indem sie nicht in den Orden eintrat, den ihr die Tante bestimmt hatte. Der Trotz, der sich im Traume verraten, gilt also der Tante. Wir haben diesem Charakterzug analerotische Herkunft zugesprochen und nehmen hinzu, daß es Geldinteressen sind, welche sie von der Tante abhängig machen, denken auch daran, daß das Kind die anale Geburtstheorie bevorzugt.

Das Moment dieses Kindertrotzes wird uns vielleicht einen innigeren Zusammenhang zwischen den ersten und der letzten Szene des Traumes annehmen lassen. Die ehemalige Verkäuferin von Eßwaren im Traume ist zunächst die andere Dienerin der Dame, die im Moment der Frage: »Haben Sie mich gesehen?« mit dem Nachtmahl ins Zimmer trat. Aber es scheint, daß sie überhaupt die Stelle der feindlichen Konkurrentin zu übernehmen bestimmt ist. Sie wird als Pflegeperson herabgesetzt, indem sie sich für das verlorene Kind gar nicht interessiert, sondern von ihren eigenen Angelegenheiten Antwort gibt. Auf sie wird also die Gleichgültigkeit gegen das Pflegekind verschoben, zu der sich die Träumerin gewendet hat. Ihr wird die unglückliche Ehe und Scheidung angedichtet, welche die Träumerin in ihren geheimsten Wünschen selbst fürchten müßte. Wir wissen aber, daß es die Tante ist, welche die Träumerin von ihrem Verlobten geschieden hat. So mag die »Verkäuferin von Eßwaren« (was einer infantilen symbolischen Bedeutung nicht zu entbehren braucht) zur Repräsentantin der, übrigens nicht viel älteren, Tante-Oberin werden, welche bei unserer Träumerin die hergebrachte Rolle der Mutter-Konkurrentin eingenommen hat. Eine gute Bestätigung dieser Deutung liegt in dem Umstand, daß der im Traume »bekannte« Ort, an dem sie die in Rede stehende Person vor ihrer Tür findet, der Ort ist, wo eben diese Tante als Oberin lebt.

Infolge der Distanz, welche den Analysierenden vom Objekt der Analyse trennt, muß es ratsam werden, nicht weiter in das Gewebe dieses Traumes einzudringen. Man darf vielleicht sagen, auch soweit er der Deutung zugänglich wurde, zeigte er sich reich an Bestätigungen wie an neuen Problemen.

Märchenstoffe in Träumen

Es ist keine Überraschung, auch aus der Psychoanalyse zu erfahren, welche Bedeutung unsere Volksmärchen für das Seelenleben unserer Kinder gewonnen haben. Bei einigen Menschen hat sich die Erinnerung an ihr Lieblingsmärchen an die Stelle eigener Kindheitserinnerungen gesetzt; sie haben die Märchen zu Deckerinnerungen erhoben.
Elemente und Situationen, die aus diesen Märchen kommen, finden sich nun auch häufig in Träumen. Zur Deutung der betreffenden Stellen fällt den Analysierten das für sie bedeutungsvolle Märchen ein. Von diesem sehr gewöhnlichen Vorkommnis will ich hier zwei Beispiele anführen. Die Beziehungen der Märchen zur Kindheitsgeschichte und zur Neurose der Träumer werden aber nur angedeutet werden können, auf die Gefahr hin, die dem Analytiker wertvollsten Zusammenhänge zu zerreißen.

I

Traum einer jungen Frau, die vor wenigen Tagen den Besuch ihres Mannes empfangen hat: *Sie ist in einem ganz braunen Zimmer. Durch eine kleine Tür kommt man auf eine steile Stiege, und über diese kommt ein sonderbares Männlein ins Zimmer, klein, mit weißen Haaren, Glatze und roter Nase, das im Zimmer vor ihr herumtanzt, sich sehr komisch gebärdet und und dann wieder zur Stiege herabgeht. Es ist in ein graues Gewand gekleidet, welches alle Formen erkennen läßt.* (Korrektur: *Es trägt einen langen schwarzen Rock und eine graue Hose.)*
Analyse: Die Personenbeschreibung des Männleins paßt ohne weitere Veränderung[1] auf ihren Schwiegervater. Dann fällt ihr aber sofort das Märchen von Rumpelstilzchen ein, der so komisch wie der Mann im Traume herumtanzt und dabei der Königin seinen Namen verrät. Dadurch hat er aber seinen Anspruch auf das erste Kind der Königin verloren und reißt sich in der Wut selbst mitten entzwei.
Am Traumtag war sie selbst so wütend auf ihren Mann und äußerte: Ich könnte ihn mitten entzweireißen.
Das braune Zimmer macht zunächst Schwierigkeiten. Es fällt ihr nur das Speisezimmer ihrer Eltern ein, das so – holzbraun –

[1] Bis auf das Detail kurzgeschnittener Haare, während der Schwiegervater das Haar lang trägt.

getäfelt ist, und dann erzählt sie Geschichten von Betten, in denen man zu zweien so unbequem schläft. Vor einigen Tagen hat sie, als von Betten in anderen Ländern die Rede war, etwas sehr Ungeschicktes gesagt, – in harmloser Absicht, meint sie, – worüber ihre Gesellschaft fürchterlich lachen mußte.

Der Traum ist nun bereits verständlich. Das holzbraune Zimmer[1] ist zunächst das Bett, durch die Beziehung auf das Speisezimmer ein Ehebett.[2] Sie befindet sich also im Ehebett. Der Besucher sollte ihr junger Mann sein, der nach mehrmonatiger Abwesenheit zu ihr gekommen war, um seine Rolle im Ehebett zu spielen. Es ist aber zunächst der Vater des Mannes, der Schwiegervater.

Hinter dieser ersten Deutung blickt man auf eine tiefer liegende rein sexuellen Inhalts. Das Zimmer ist jetzt die Vagina. (Das Zimmer ist in ihr, im Traume umgekehrt.) Der kleine Mann, der seine Grimassen macht und sich so komisch benimmt, ist der Penis; die enge Tür und die steile Treppe bestätigen die Auffassung der Situation als einer Koitusdarstellung. Wir sind sonst gewöhnt, daß das Kind den Penis symbolisiert, werden aber verstehen, daß es einen guten Sinn hat, wenn hier der Vater zur Vertretung des Penis herangezogen wird.

Die Auflösung des noch zurückgehaltenen Restes vom Traume wird uns in der Deutung ganz sicher machen. Das durchscheinende graue Gewand erklärt sie selbst als Kondom. Wir dürfen erfahren, daß Interessen der Kinderverhütung, Besorgnisse, ob nicht dieser Besuch des Mannes den Keim zu einem zweiten Kind gelegt, zu den Anregern dieses Traumes gehören.

Der schwarze Rock: Ein solcher steht ihrem Manne ausgezeichnet. Sie will ihn beeinflussen, daß er ihn immer trage anstatt seiner gewöhnlichen Kleidung. Im schwarzen Rock ist ihr Mann also so, wie sie ihn gern sieht. Schwarzer Rock und graue Hose: das heißt aus zwei verschiedenen, einander überdeckenden Schichten: So gekleidet will ich dich haben. So gefällst du mir.

Rumpelstilzchen verknüpft sich mit den aktuellen Gedanken des Traumes – den Tagesresten – durch eine schöne Gegensatzbeziehung. Er kommt im Märchen, um der Königin das erste Kind zu nehmen; der kleine Mann im Traum kommt als Vater, weil er wahrscheinlich ein zweites Kind gebracht hat. Aber Rumpelstilzchen vermittelt auch den Zugang zur tieferen, infantilen Schicht der Traumgedanken. Der possierliche kleine Kerl, dessen Namen man nicht einmal weiß, dessen Geheimnis man kennen möchte, der so außerordentliche Kunststücke kann (im Märchen

[1] Holz wie bekannt häufig weibliches, mütterliches Symbol (*materia*, Madeira usw.).

[2] Tisch und Bett repräsentieren ja die Ehe.

Stroh in Gold verwandeln) – die Wut, die man gegen ihn hat, eigentlich gegen seinen Besitzer, den man um diesen Besitz beneidet, der Penisneid der Mädchen, – das sind Elemente, deren Beziehung zu den Grundlagen der Neurose, wie gesagt, hier nur gestreift werden soll. Zum Kastrationsthema gehören wohl auch die geschnittenen Haare des Männchens im Traume.
Wenn man in durchsichtigen Beispielen darauf achten wird, was der Träumer mit dem Märchen macht, und an welche Stelle er es setzt, so wird man dadurch vielleicht auch Winke für die noch ausstehende Deutung dieser Märchen selbst gewinnen.

II

Ein junger Mann, der einen Anhalt für seine Kindheitserinnerungen in dem Umstande findet, daß seine Eltern ihr bisheriges Landgut gegen ein anderes vertauschten, als er noch nicht fünf Jahre war, erzählt als seinen frühesten Traum, der noch auf dem ersten Gut vorgefallen, folgendes:
»*Ich habe geträumt, daß es Nacht ist und ich in meinem Bett liege (mein Bett stand mit dem Fußende gegen das Fenster, vor dem Fenster befand sich eine Reihe alter Nußbäume; ich weiß, es war Winter, als ich träumte, und Nachtzeit). Plötzlich geht das Fenster von selbst auf, und ich sehe mit großem Schrecken, daß auf dem großen Nußbaum vor dem Fenster ein paar weiße Wölfe sitzen. Es waren sechs oder sieben Stück. Die Wölfe waren ganz weiß und sahen eher aus wie Füchse oder Schäferhunde, denn sie hatten große Schwänze wie Füchse und ihre Ohren waren aufgestellt wie bei den Hunden, wenn sie auf etwas passen. Unter großer Angst, offenbar von den Wölfen aufgefressen zu werden, schrie ich auf* und erwachte. Meine Kinderfrau eilte zu meinem Bett, um nachzusehen, was mit mir geschehen war. Es dauerte eine ganze Weile, bis ich überzeugt war, es sei nur ein Traum gewesen, so natürlich und deutlich war mir das Bild vorgekommen, wie das Fenster aufgeht und die Wölfe auf dem Baume sitzen. Endlich beruhigte ich mich, fühlte mich wie von einer Gefahr befreit und schlief wieder ein.«
»Die einzige Aktion im Traume war das Aufgehen des Fensters, denn die Wölfe saßen ganz ruhig ohne jede Bewegung auf den Ästen des Baumes, rechts und links vom Stamm und schauten mich an. Es sah so aus, als ob sie ihre ganze Aufmerksamkeit auf mich gerichtet hätten. – Ich glaube, dies war mein erster Angsttraum. Ich war damals drei, vier, höchstens fünf Jahre alt. Bis in mein elftes oder zwölftes Jahr hatte ich von da an immer Angst, etwas Schreckliches im Traum zu sehen.«
Er gibt dann noch eine Zeichnung des Baumes mit den Wölfen,

die seine Beschreibung bestätigt. Die Analyse des Traumes fördert nachstehendes Material zutage.
Er hat diesen Traum immer in Beziehung zu der Erinnerung gebracht, daß er in diesen Jahren der Kindheit eine ganz ungeheuerliche Angst vor dem Bilde eines Wolfes in einem Märchenbuche zeigte. Die ältere, ihm recht überlegene Schwester pflegte ihn zu necken, indem sie ihm unter irgend einem Vorwand gerade dieses Bild vorhielt, worauf er entsetzt zu schreien begann. Auf diesem Bilde stand der Wolf aufrecht, mit einem Fuß ausschreitend, die Tatzen ausgestreckt und die Ohren aufgestellt. Er meint, dieses Bild habe als Illustration zum Märchen von Rotkäppchen gehört.
Warum sind die Wölfe weiß? Das läßt ihn an die Schafe denken, von denen große Herden in der Nähe des Gutes gehalten wurden. Der Vater nahm ihn gelegentlich mit, diese Herden zu besuchen, und er war dann jedesmal sehr stolz und selig. Später — nach eingezogenen Erkundigungen kann es leicht kurz vor der Zeit des Traumes gewesen sein, — brach unter diesen Schafen eine Seuche aus. Der Vater ließ einen Pasteurschüler kommen, der die Tiere impfte, aber sie starben nach der Impfung noch zahlreicher als vorher.
Wie kommen die Wölfe auf den Baum? Dazu fällt ihm eine Geschichte ein, die er den Großvater erzählen gehört. Er kann sich nicht erinnern, ob vor oder nach dem Traume, aber ihr Inhalt spricht entschieden für das erstere. Die Geschichte lautet: Ein Schneider sitzt in seinem Zimmer bei der Arbeit, da öffnet sich das Fenster und ein Wolf springt herein. Der Schneider schlägt mit der Elle nach ihm — nein, verbessert er sich, packt ihn beim Schwanz und reißt ihm diesen aus, so daß der Wolf erschreckt davonrennt. Eine Weile später geht der Schneider in den Wald und sieht plötzlich ein Rudel Wölfe herankommen, vor denen er sich auf einen Baum flüchtet. Die Wölfe sind zunächst ratlos, aber der verstümmelte, der unter ihnen ist und sich am Schneider rächen will, macht den Vorschlag, daß einer auf den anderen steigen soll, bis der letzte den Schneider erreicht hat. Er selbst — er ist ein kräftiger Alter — will die Basis dieser Pyramide machen. Die Wölfe tun so, aber der Schneider hat den gezüchtigten Besucher erkannt und ruft plötzlich wie damals: Packt den Grauen beim Schwanz. Der schwanzlose Wolf erschrickt bei dieser Erinnerung, läuft davon und die anderen purzeln alle herab.
In dieser Erzählung findet sich der Baum vor, auf dem im Traume die Wölfe sitzen. Sie enthält aber auch eine unzweideutige Anknüpfung an den Kastrationskomplex. Der alte Wolf ist vom Schneider um den Schwanz gebracht worden. Die Fuchsschwänze der Wölfe im Traume sind wohl Kompensationen dieser Schwanzlosigkeit.

Warum sind es sechs oder sieben Wölfe? Diese Frage schien nicht zu beantworten, bis ich den Zweifel aufwarf, ob sich sein Angstbild auf das Rotkäppchenmärchen bezogen haben könne. Dies Märchen gibt nur Anlaß zu zwei Illustrationen, zur Begegnung des Rotkäppchens mit dem Wolf im Walde und zur Szene, wo der Wolf mit der Haube der Großmutter im Bette liegt. Es müsse sich also ein anderes Märchen hinter der Erinnerung an das Bild verbergen. Er fand dann bald, daß es nur die Geschichte vom Wolf und den sieben Geißlein sein könne. Hier findet sich die Siebenzahl, aber auch die Sechs, denn der Wolf frißt nur sechs Geißlein auf, das siebente versteckte sich im Uhrkasten. Auch das Weiß kommt in dieser Geschichte vor, denn der Wolf läßt sich beim Bäcker die Pfote weiß machen, nachdem ihn die Geißlein bei seinem ersten Besuch an der grauen Pfote erkannt haben. Beide Märchen haben übrigens viel Gemeinsames. In beiden findet sich das Auffressen, das Bauchaufschneiden, die Herausbeförderung der gefressenen Personen, deren Ersatz durch schwere Steine, und endlich kommt in beiden der böse Wolf um. Im Märchen von den Geißlein kommt auch noch der Baum vor. Der Wolf legt sich nach der Mahlzeit unter einen Baum und schnarcht.

Ich werde mich mit diesem Traum wegen eines besonderen Umstandes noch an anderer Stelle beschäftigen müssen und ihn dann eingehender deuten und würdigen.[1] Es ist ja ein erster aus der Kindheit erinnerter Angsttraum, dessen Inhalt im Zusammenhang mit anderen Träumen, die bald nachher erfolgten, und mit gewissen Begebenheiten in der Kinderzeit des Träumers ein Interesse von ganz besonderer Art wachruft. Hier beschränken wir uns auf die Beziehung des Traumes zu zwei Märchen, die viel Gemeinsames haben, zum »Rotkäppchen« und zum »Wolf und die sieben Geißlein«. Der Eindruck dieser Märchen äußerte sich bei dem kindlichen Träumer in einer richtigen Tierphobie, die sich von anderen ähnlichen Fällen nur dadurch auszeichnete, daß das Angsttier nicht ein der Wahrnehmung leicht zugängliches Objekt war (wie etwa Pferd und Hund), sondern nur aus Erzählung und Bilderbuch gekannt war.

Ich werde ein andermal auseinandersetzen, welche Erklärung diese Tierphobien haben und welche Bedeutung ihnen zukommt. Vorgreifend bemerke ich nur, daß diese Erklärung sehr zu dem Hauptcharakter stimmt, welchen die Neurose des Träumers in späteren Lebenszeiten erkennen ließ. Die Angst vor dem Vater war das stärkste Motiv seiner Erkrankung gewesen, und die ambivalente Einstellung zu jedem Vaterersatz beherrschte sein Leben wie sein Verhalten in der Behandlung.

Wenn der Wolf bei meinem Patienten nur der erste Vaterersatz war, so fragt es sich, ob die Märchen vom Wolf, der die Geißlein

[1] S. »Aus der Geschichte einer infantilen Neurose« in Band XII d. Ges. Werke.

auffrißt, und vom Rotkäppchen etwas anderes als die infantile Angst vor dem Vater zum geheimen Inhalt haben.[1] Der Vater meines Patienten hatte übrigens die Eigentümlichkeit des »zärtlichen Schimpfens«, die so vielen Personen im Umgang mit ihren Kindern zeigen, und die scherzhafte Drohung: »Ich fress' dich auf« mag in den ersten Jahren, als der später strenge Vater mit dem Söhnlein zu spielen und zu kosen pflegte, mehr als einmal geäußert worden sein. Eine meiner Patientinnen erzählte mir, daß ihre beiden Kinder den Großvater nie lieb gewinnen konnten, weil er sie in seinem zärtlichen Spiel zu schrecken pflegte, er werde ihnen den Bauch aufschneiden.

[1] Vgl. die von O. Rank hervorgehobene Ähnlichkeit dieser beiden Märchen mit dem Mythus von Kronos. (Völkerpsychologische Parallelen zu den infantilen Sexualtheorien; Zentralblatt für Psychoanalyse, II, 1912.)

Traum und Telepathie

Eine Ankündigung wie die meinige muß in diesen Zeiten, die so voll sind von Interesse für die sogenannt okkulten Phänomene, ganz bestimmte Erwartungen erwecken. Ich beeile mich also, diesen zu widersprechen. Sie werden aus meinem Vortrag nichts über das Rätsel der Telepathie erfahren, nicht einmal Aufschluß darüber erhalten, ob ich an die Existenz einer »Telepathie« glaube oder nicht. Ich habe mir hier die sehr bescheidene Aufgabe gestellt, das Verhältnis der telepathischen Vorkommnisse, welcher Herkunft immer sie sein mögen, zum Traum, genauer: zu unserer Theorie des Traumes, zu untersuchen. Es ist Ihnen bekannt, daß man die Beziehung zwischen Traum und Telepathie gemeinhin für eine sehr innige hält; ich werde vor Ihnen die Ansicht vertreten, daß die beiden wenig miteinander zu tun haben, und daß, wenn die Existenz telepathischer Träume sichergestellt würde, dies an unserer Auffassung des Traumes nichts zu ändern brauchte.

Das Material, das dieser Mitteilung zugrunde liegt, ist sehr klein. Ich muß vor allem meinem Bedauern Ausdruck geben, daß ich nicht wie damals, als ich die »Traumdeutung« (1900) schrieb, an eigenen Träumen arbeiten konnte. Aber ich habe nie einen ›telepathischen‹ Traum gehabt. Nicht etwa, daß es mir an Träumen gefehlt hätte, welche die Mitteilung enthielten, an einem gewissen entfernten Ort spiele sich ein bestimmtes Ereignis ab, wobei es der Auffassung des Träumers überlassen ist, zu entscheiden, ob das Ereignis eben jetzt eintrete oder zu irgendeiner späteren Zeit; auch Ahnungen entfernter Vorgänge mitten im Wachleben habe ich oft verspürt, aber alle diese Anzeigen, Vorhersagen und Ahnungen sind, wie wir uns ausdrücken: nicht eingetroffen; es zeigte sich, daß ihnen keine äußere Realität entsprach, und sie mußten darum als rein subjektive Erwartungen aufgefaßt werden.

Ich habe z. B. einmal während des Krieges geträumt, daß einer meiner an der Front befindlichen Söhne gefallen sei. Der Traum sagte dies nicht direkt, aber doch unverkennbar, er drückte es mit den Mitteln der bekannten, zuerst von W. Stekel angegebenen Todessymbolik aus. (Versäumen wir nicht, hier die oft unbequeme Pflicht literarischer Gewissenhaftigkeit zu erfüllen!) Ich sah den jungen Krieger an einem Landungssteg stehen, an der Grenze von Land und Wasser; er kam mir sehr bleich vor, ich sprach ihn an, er aber antwortete nicht. Dazu kamen andere nicht mißverständliche Anspielungen. Er trug nicht militärische Uniform, sondern ein Skifahrerkostüm, wie er es bei seinem schweren Skiunfall mehrere Jahre vor dem Kriege getragen hatte. Er stand auf einer schemelartigen Erhöhung vor einem Kasten, welche Situation mir die Deutung des »Fallens« mit Hinsicht auf eine eigene Kindheitserinnerung nahe legen mußte, denn ich selbst war als Kind von wenig mehr als zwei Jahren auf einen solchen Schemel gestiegen, um etwas von einem Kasten herunterzuholen, — wahrscheinlich etwas Gutes, — bin dabei umgefallen und habe mir eine Wunde geschlagen, deren Spur ich noch heute zeigen kann. Mein Sohn aber, den jener Traum totsagte, ist heil aus den Gefahren des Krieges zurückgekehrt.

Vor kurzem erst habe ich einen anderen Unheil verkündenden Traum gehabt, ich glaube, es war, unmittelbar ehe ich mich zur Abfassung dieser kleinen Mitteilung entschloß; diesmal war nicht viel Verhüllung aufgewendet worden; ich sah meine beiden in England lebenden Nichten, sie waren schwarz gekleidet und sagten mir: am Donnerstag haben wir sie begraben. Ich wußte, daß es sich um den Tod ihrer jetzt siebenundachtzigjährigen Mutter, der Frau meines verstorbenen ältesten Bruders, handle.

Es gab natürlich eine Zeit peinlicher Erwartungen bei mir; das plötzliche Ableben einer so alten Frau wäre ja nichts Überraschendes und es wäre doch so unerwünscht, wenn mein Traum gerade mit diesem Ereignis zusammenträfe. Aber der nächste Brief aus England zerstreute diese Befürchtung. Für alle diejenigen, welche um die Wunschtheorie des Traumes besorgt sind, will ich die beruhigende Versicherung einschalten, daß es der Analyse nicht schwer geworden ist, auch für diese Todesträume die zu vermutenden unbewußten Motive aufzudecken.

Unterbrechen Sie mich jetzt nicht mit dem Einwand, daß solche Mitteilungen wertlos sind, weil negative Erfahrungen hier so wenig wie auf anderen minder okkulten Gebieten irgend etwas beweisen können. Ich weiß das auch selbst und habe diese Beispiele auch gar nicht in der Absicht angeführt, um einen Beweis zu geben oder eine bestimmte Einstellung bei Ihnen zu erschleichen. Ich wollte nur die Einschränkung meines Materials rechtfertigen.

Bedeutsamer erscheint mir allerdings eine andere Tatsache, daß ich nämlich während meiner ungefähr siebenundzwanzigjährigen Tätigkeit als Analytiker niemals in die Lage gekommen bin, bei einem meiner Patienten einen richtigen telepathischen Traum mitzuerleben. Die Menschen, an denen ich arbeitete, waren doch eine gute Sammlung von schwer neuropathischen und »hochsensitiven« Naturen; viele unter ihnen haben mir die merkwürdigsten Vorkommnisse aus ihrem früheren Leben erzählt, auf die sie ihren Glauben an geheimnisvolle okkulte Einflüsse stützten. Ereignisse, wie Unfälle, Erkrankungen naher Angehöriger, insbesondere Todesfälle eines Elternteiles, haben sich während der Kur oft genug zugetragen und dieselbe unterbrochen, aber nicht ein einziges Mal verschafften mir diese ihrem Wesen nach so geeigneten Zufälle die Gelegenheit, eines telepathischen Traumes habhaft zu werden, obwohl die Kur sich über halbe, ganze Jahre und eine Mehrzahl von Jahren ausdehnte. Um die Erklärung dieser Tatsache, die wiederum eine Einschränkung meines Materials mit sich bringt, möge sich bemühen, wer immer will. Sie werden sehen, daß sie selbst für den Inhalt meiner Mitteilung nicht in Betracht kommt.

Ebensowenig kann mich die Frage in Verlegenheit bringen, warum ich nicht aus der reichen Fülle der in der Literatur niedergelegten telepathischen Träume geschöpft habe. Ich hätte nicht lange zu suchen gehabt, da mir die Veröffentlichungen der englischen wie der amerikanischen Society for Psychical Research als deren Mitglied zu Gebote stehen. In all diesen Mitteilungen wird eine analytische Würdigung der Träume, wie sie uns in erster Linie interessieren muß, niemals versucht.[1] Anderseits werden Sie bald einsehen, daß den Absichten dieser Mitteilung auch durch ein einziges Traumbeispiel Genüge geleistet wird.

Mein Material besteht also einzig und allein aus zwei Berichten, die ich von Korrespondenten aus Deutschland erhalten habe. Die Betreffenden sind mir persönlich nicht bekannt, sie geben aber Namen und Wohnort an; ich habe nicht den mindesten Grund an eine irreführende Absicht der Schreiber zu glauben.

I. Mit dem einen der beiden stand ich schon früher in Briefverkehr; er war so liebenswüridg, mir, wie es auch viele andere Leser tun, Beobachtungen aus dem Alltagsleben und ähnliches mitzuteilen. Diesmal stellt der offenbar gebildete und intelligente Mann mir sein Material ausdrücklich zur Verfügung, wenn ich es »literarisch verwerten« wollte.

Sein Brief lautet:

> »Nachstehenden Traum halte ich für interessant genug, um ihn Ihnen als Material für Ihre Studien zu liefern.
>
> Vorausschicken muß ich: Meine Tochter, die in B e r l i n verheiratet ist, erwartet Mitte Dezember d. J. ihre erste Niederkunft. Ich beabsichtige, mit meiner (zweiten) Frau, der Stiefmutter meiner Tochter, um diese Zeit nach Berlin zu fahren. In der Nacht vom 16. auf den 17. November träume ich, und zwar so lebhaft und anschaulich wie sonst nie, daß *meine*

[1] In zwei Schriften des oben genannten Autors W. S t e k e l (»Der telepathische Traum«, Berlin, ohne Jahreszahl und »Die Sprache des Traumes«, zweite Auflage 1922) finden sich wenigstens Ansätze zur Anwendung der analytischen Technik auf angeblich telepathische Träume. Der Autor bekennt sich zum Glauben an die Realität der Telepathie.

Frau Zwillinge geboren hat. Ich sehe die beiden prächtig ausschauenden Kinder mit ihren roten Pausbacken deutlich nebeneinander in ihrem Bettchen liegen, das Geschlecht stelle ich nicht fest, das eine mit semmelblondem Haar trägt deutlich meine Züge, gemischt mit Zügen meiner Frau, das andere mit kastanienbraunem Haar trägt deutlich die Züge meiner Frau, gemischt mit Zügen von mir. Ich sage zu meiner Frau, die rotblondes Haar hat, wahrscheinlich wird das kastanienbraune Haar ›deines‹ Kindes später auch rot werden. Meine Frau gibt den Kindern die Brust. Sie hatte in einer Waschschüssel Marmelade gekocht (auch Traum) und beide Kinder klettern auf allen vieren in der Schüssel herum und lecken sie aus.

Dies ist der Traum. Vier- oder fünfmal bin ich dabei halb erwacht, frage mich, ob es wahr ist, daß wir Zwillinge bekommen haben, komme aber doch nicht mit voller Sicherheit zu einem Ergebnis, daß ich nur geträumt habe. Der Traum dauert bis zum Erwachen und auch danach dauert es eine Weile, bis ich mir über die Wahrheit klar geworden bin. Beim Kaffee erzähle ich meiner Frau den Traum, der sie sehr belustigt. Sie meinte: Ilse (meine Tochter) wird doch nicht etwa Zwillinge bekommen? Ich erwidere: Das kann ich mir kaum denken, denn weder in meiner noch in Gs. (ihres Mannes) Familie sind Zwillinge heimisch. Am 18. November früh zehn Uhr erhalte ich ein nachmittags vorher aufgegebenes Telegramm meines Schwiegersohnes, in dem er mir die Geburt von Zwillingen, eines Knaben und eines Mädchens, anzeigt. Die Geburt ist also in der Zeit vor sich gegangen, wo ich träumte, daß meine Frau Zwillinge bekommen habe. Die Niederkunft ist vier Wochen früher erfolgt, als wir alle auf Grund der Vermutungen meiner Tochter und ihres Mannes annahmen.

Und nun weiter: In der nächsten Nacht träumte ich, *meine verstorbene Frau, die Mutter meiner Tochter, habe achtundvierzig neugeborene Kinder in Pflege genommen. Als das erste Dutzend eingeliefert wird, protestiere ich.* Damit endet der Traum.

Meine verstorbene Frau war sehr kinderlieb. Oft sprach sie davon, daß sie eine ganze Schar um sich haben möchte, je mehr desto lieber, daß sie sich als Kindergärtnerin ganz besonders eignen und wohl fühlen würde. Kinderlärm und Geschrei war ihr Musik. Gelegentlich lud sie auch einmal eine ganze Schar Kinder aus der Straße und traktierte sie auf dem Hof unserer Villa mit Schokolade und Kuchen. Meine Tochter hat nach der Entbindung und besonders nach der Überraschung durch das vorzeitige Eintreten, durch die Zwillinge und die Verschiedenheit des Geschlechtes gewiß gleich an die Mutter gedacht, von der sie wußte, daß sie das Ereignis mit lebhafter Freude und Anteilnahme aufnehmen werde. ›Was würde erst Mutti sagen, wenn sie jetzt an meinem Wochenbett stände?‹ Dieser Gedanke ist ihr zweifellos durch den Kopf gegangen. Und ich träume nun diesen Traum von meiner verstorbenen ersten Frau, von der ich sehr selten träume, nach dem ersten Traum aber auch nicht gesprochen und mit keinem Gedanken an sie gedacht habe.

Halten Sie das Zusammentreffen von Traum und Ereignis in beiden Fälle für Zufall? Meine Tochter, die sehr an mir hängt, hat in ihrer schweren Stunde sicher besonders an mich gedacht, wohl auch, weil ich oft mit ihr über Verhalten in der Schwangerschaft korrespondiert und ihr immer wieder Ratschläge gegeben habe.«

Es ist leicht zu erraten, was ich auf diesen Brief antwortete. Es tat mir leid, daß auch bei meinem Korrespondenten das analytische Interesse vom telepathischen so völlig erschlagen worden war; ich lenkte also von seiner direkten Frage ab, bemerkte, daß der Traum auch sonst noch allerlei enthielt, außer seiner Beziehung zur Zwillingsgeburt, und bat, mir jene Auskünfte und Einfälle mitzuteilen, die mir eine Deutung des Traumes ermöglichen könnten.

Daraufhin erhielt ich den nachstehenden zweiten Brief, der meine Wünsche freilich nicht ganz befriedigte:

»Erst heute komme ich dazu, Ihren freundlichen Brief vom 24. d. M. zu beantworten. Ich will Ihnen gern ›lückenlos und rückhaltlos‹ alle Assoziationen, auf die ich komme, mitteilen. Leider ist es nicht viel geworden, bei einer mündlichen Aussprache käme mehr heraus.

Also! Meine Frau und ich wünschen uns keine Kinder mehr. Wir verkehren auch so gut wie gar nicht geschlechtlich miteinander, wenigstens lag zur Zeit des Traumes keinerlei ›Gefahr‹ vor. Die Niederkunft meiner Tochter, die Mitte Dezember erwartet wurde, war natürlich öfter Gegenstand unserer Unterhaltung. Meine Tochter war im Sommer untersucht und geröngt worden, dabei stellte der Untersuchende fest, daß es ein Junge werde. Meine Frau äußerte gelegentlich: ›Ich würde lachen, wenn es nun doch ein Mädchen würde.‹ Sie meinte auch gelegentlich, es wäre besser, wenn es ein H. als ein G. (Name meines Schwiegersohnes) würde, meine Tochter ist hübscher und stattlicher in der Figur als mein Schwiegersohn, obgleich er Marineoffizier war. Ich beschäftigte mich mit Vererbungsfragen und habe die Gewohnheit, mir kleine Kinder darauf anzusehen, wem sie gleichen. Noch eins! Wir haben ein kleines Hündchen, das abends mit am Tisch sitzt, sein Futter bekommt und Teller und Schüsseln ausleckt. All dieses Material kehrt im Traum wieder.

Ich habe kleine Kinder gern und schon oft gesagt, ich möchte

noch einmal so ein Wesen aufziehen, jetzt, wo man es mit sehr viel mehr Verständnis, Interesse und Ruhe vermag, aber mit meiner Frau, die nicht die Fähigkeiten zur vernünftigen Erziehung eines Kindes besitzt, möchte ich keins zusammen haben. Nun beschert mir der Traum zwei – das Geschlecht habe ich nicht festgestellt. Ich sehe sie noch heute im Bett liegen und erkenne scharf die Züge, das eine mehr ›Ich‹, das andere mehr meine Frau, jedes aber kleine Züge vom anderen Teil. Meine Frau hat rotblondes Haar, eines der Kinder aber kastanien(rotes)braunes. Ich sage: ›Na, das wird später auch noch rot werden.‹ Die beiden Kinder kriechen in einer großen Waschschüssel, in der meine Frau Marmelade gerührt hat, herum und lecken den Boden und die Ränder ab (Traum). Die Herkunft dieses Details ist leicht erklärlich, wie der Traum überhaupt nicht schwer verständlich und deutbar ist, wenn er nicht mit dem wider Erwarten frühen Eintreten der Geburt meiner Enkel (drei Wochen zu früh) zeitlich fast auf die Stunde (genau kann ich nicht sagen, wann der Traum begann, um neun und viertel zehn wurden meine Enkel geboren, um elf etwa ging ich zu Bett und nachts träumte ich) zusammengetroffen wäre und wir nicht schon vorher gewußt hätten, daß es ein Junge werden würde. Freilich kann wohl der Zweifel, ob die Feststellung richtig gewesen sei, – Junge oder Mädchen – im Traume Zwillinge auftreten lassen, es bleibt aber immer noch das zeitliche Zusammentreffen des Traumes von den Zwillingen mit dem unerwarteten und drei Wochen zu frühen Eintreffen von Zwillingen bei meiner Tochter.
Es ist nicht das erstemal, daß Ereignisse in der Ferne sich mir bewußt machen, ehe ich die Nachricht erhalte. Eines unter zahlreichen: Im Oktober besuchten mich meine drei Brüder. Wir haben uns seit dreißig Jahren nicht wieder zusammen (der eine den anderen natürlich öfter) gesehen, nur einmal ganz kurz beim Begräbnis meines Vaters und dem meiner Mutter. Beider Tod war zu erwarten, in keinem Falle habe ich ›vorgefühlt‹. Aber als vor zirka fünfundzwanzig Jahren mein jüngster Bruder im zehnten Lebensjahr plötzlich und unerwartet starb, kam mir, als mir der Briefbote die Postkarte mit der Nachricht von seinem Tode übergab, ohne daß ich einen Blick darauf geworfen hatte, sofort der Gedanke: Da steht darauf, daß dein Bruder gestorben ist. Er war doch allein im Elternhaus, ein kräftiger gesunder Bub, während wir vier älteren Brüder alle vom Elternhaus schon flügge geworden und abwesend waren. Zufällig kam das Gespräch beim Besuch meiner Brüder jetzt auf dieses mein Erlebnis damals, und alle drei Brüder kamen nun wie auf Kommando mit der Erklärung heraus, daß ihnen damals genau dasselbe passiert sei wie mir. Ob auf dieselbe Weise, kann ich nicht mehr sagen,

jedenfalls erklärte jeder, den Tod vorher als Gewißheit im Gefühl gehabt zu haben, ehe die bald darauf eintreffende und gar nicht zu erwartende Nachricht ihn angezeigt hatte. Wir sind alle vier von Mutters Seite her sensible Naturen, große, kräftige Menschen dabei, aber keiner etwa spiritistisch oder okkultistisch angehaucht, im Gegenteil, wir lehnen beides entschieden ab. Meine Brüder sind alle drei Akademiker, zwei Gymnasiallehrer, einer Oberlandmesser, eher Pedanten als Phantasten. – Das ist alles, was ich Ihnen zum Traum zu sagen weiß. Wenn Sie ihn etwa literarisch verwerten wollen, stelle ich ihn gern zur Verfügung.«

Ich muß befürchten, daß Sie sich ähnlich verhalten werden wie der Schreiber der beiden Briefe. Auch Sie werden sich vor allem dafür interessieren, ob man diesen Traum wirklich als eine telepathische Anzeige der unerwarteten Zwillingsgeburt auffassen darf, und gar nicht dazu geneigt sein, ihn wie einen anderen der Analyse zu unterziehen. Ich sehe voraus, daß es immer so sein wird, wenn Psychoanalyse und Okkultismus zusammenstoßen.

Die erstere hat sozusagen alle seelischen Instinkte gegen sich, dem letzteren kommen starke, dunkle Sympathien entgegen. Ich werde aber nicht den Standpunkt einnehmen, ich sei nichts als ein Psychoanalytiker, die Fragen des Okkultismus gehen mich nichts an; das würden Sie doch nur als Problemflüchtigkeit beurteilen. Sondern, ich behaupte, daß es mir ein großes Vergnügen wäre, wenn ich mich und andere durch untadelige Beobachtungen von der Existenz telepathischer Vorgänge überzeugen könnte, daß aber die Mitteilungen zu diesem Traum viel zu unzulänglich sind, um eine solche Entscheidung zu rechtfertigen. Sehen Sie, dieser intelligente und an den Problemen seines Traumes interessierte Mann denkt nicht einmal daran, uns anzugeben, wann er die ein Kind erwartende Tochter zuletzt gesehen oder welche Nachrichten er kürzlich von ihr erhalten; er schreibt im ersten Brief, daß die Geburt um einen Monat verfrüht kam, im zweiten sind es aber nur drei Wochen und in keinem erhalten wir Auskunft darüber, ob die Geburt wirklich vorzeitig erfolgte, oder ob sich die Beteiligten, wie es so häufig vorkommt, verrechnet hatten. Von diesen und anderen Details der Begebenheit würden wir aber abhängen, wenn wir die Wahrscheinlichkeit eines dem Träumer unbewußten Abschätzens und Erratens zu erwägen hätten. Ich sagte mir auch, es würde nichts nützen, wenn ich auf einige solcher Anfragen Antwort bekäme. Im Laufe des angestrebten Beweisverfahrens würden doch immer neue Zweifel auftauchen, die nur beseitigt werden könnten, wenn man den Mann vor sich hätte und alle dazugehörigen Erinnerungen bei ihm auffrischen würde, die er vielleicht als unwesentlich beiseite geschoben hat. Er hat gewiß recht, wenn er zu Anfang seines zweiten Briefes sagt, bei einer mündlichen Aussprache wäre mehr herausgekommen.

Denken Sie an einen anderen, ähnlichen Fall, an dem das störende okkultistische Interesse gar keinen Anteil hat. Wie oft sind Sie in die Lage gekommen, die Anamnese und den Krankheitsbericht, den Ihnen ein beliebiger Neurotiker in der ersten Besprechung gab, mit dem zu vergleichen, was Sie nach einigen Monaten Psychoanalyse von ihm erfahren haben. Von der begreiflichen Verkürzung abgesehen, wieviel wesentliche Mitteilungen hat er ausgelassen oder unterdrückt, wieviel Beziehungen verschoben, im Grunde: wieviel Unrichtiges und Unwahres hat er Ihnen das erstemal erzählt! Ich glaube, Sie werden mich nicht für überbedenklich erklären, wenn ich unter den uns vorliegenden Verhältnissen es ablehne, darüber zu urteilen, ob der uns mitgeteilte Traum einer telepathischen Tatsache entspricht oder einer besonders feinen unbewußten Leistung des Träumers oder einfach als ein zufälliges Zusammentreffen hingenommen werden muß. Unsere Wißbegierde werden wir auf eine spätere Gelegenheit vertrösten, in der uns eine eingehende, mündliche Ausforschung des Träumers vergönnt sein mag. Sie können aber nicht sagen, daß dieser Ausgang unserer Untersuchung Sie enttäuscht hat, denn ich hatte Sie darauf vorbereitet, Sie würden nichts erfahren, was auf das Problem der Telepathie Licht wirft.

Wenn wir jetzt zur analytischen Behandlung dieses Traumes übergehen, so müssen wir von neuem unser Mißvergnügen bekennen. Das Material von Gedanken, die der Träumer an den manifesten Trauminhalt anknüpft, ist wiederum ungenügend; damit können wir keine Traumanalyse machen. Der Traum verweilt z. B. ausführlich bei der Ähnlichkeit der Kinder mit den Eltern, erörtert deren Haarfarbe und die voraussichtliche Wandlung derselben in späteren Zeiten, und zur Aufklärung dieser breit ausgesponnenen Details haben wir nur die dürftige Auskunft des Träumers, er habe sich immer für Fragen der Ähnlichkeit und Vererbung interessiert; da sind wir doch gewohnt, weitergehende Ansprüche zu stellen! Aber an e i n e r Stelle gestattet der Traum eine analytische Deutung, gerade hier kommt die Analyse, die sonst nichts mit dem Okkultismus zu tun hat, der Telepathie in merkwürdiger Weise zu Hilfe. Dieser einen Stelle wegen nehme ich überhaupt Ihre Aufmerksamkeit für diesen Traum in Anspruch.

Wenn Sie es recht ansehen, so hat ja dieser Traum auf den Namen eines »telepathischen« gar kein Anrecht. Er teilt dem Träumer nichts mit, was sich — seinem sonstigen Wissen entzogen — gleichzeitig an einem anderen Orte vollzieht, sondern was der Traum erzählt, ist etwas ganz anderes als das Ereignis, von dem das Telegramm am zweiten Tag nach der Traumnacht berichtet. Traum und Ereignis weichen in einem ganz besonders wichtigen Punkt voneinander ab, nur stimmen sie, von der Gleichzeitigkeit abgesehen, in einem anderen, sehr interessanten Element zusammen. Im Traum hat die Frau des Träumers Zwillinge bekommen. Das Ergebnis besteht aber darin, daß seine entfernt lebende Tochter Zwillinge geboren hat. Der Träumer übersieht diesen Unterschied nicht, er scheint keinen Weg zu kennen, über ihn hinwegzukommen, und da er nach seiner eigenen Angabe keine okkultistische Vorliebe hat, fragt er nur ganz schüchtern an, ob das Zusammentreffen von Traum und Ereignis im Punkte der Zwillingsgeburt mehr als ein Zufall sein kann. Die psychoanalytische Traumdeutung hebt aber diesen Unterschied zwischen Traum und Ereignis auf und gibt beiden den nämlichen Inhalt. Ziehen wir das Assoziationsmaterial zu diesem Traum zu Rate, so zeigt es uns trotz seiner Spärlichkeit, daß hier eine innige Gefühlsbindung zwischen Vater und Tochter besteht, eine Gefühlsbindung, die so gewöhnlich und natürlich ist, daß man aufhören sollte, sich ihrer zu schämen, die im Leben gewiß nur als zärtliches Interesse zum Ausdruck kommt und ihre letzten Konsequenzen erst im Traume zieht. Der Vater weiß, daß die Tochter sehr an ihm hängt, er ist überzeugt, daß sie in ihrer schweren Stunde viel an ihn gedacht hat; ich meine, im Grunde gönnt er sie dem Schwiegersohn nicht, den er im Briefe mit einigen abschätzigen Bemerkungen streift. Beim Anlaß ihrer (erwarteten oder telepathisch vernommenen) Niederkunft wird im Verdrängten der unbewußte Wunsch rege: Sie sollte lieber meine (zweite) Frau sein, und dieser Wunsch ist es, der den Traumgedanken entstellt und den Unterschied zwischen dem manifesten Trauminhalt und dem Ereignis verschuldet. Wir haben das Recht, für die zweite Frau im Traume die Tochter einzusetzen. Besäßen wir mehr Material zum Traum, so würden wir diese Deutung gewiß versichern und vertiefen können.

Und nun bin ich bei dem, was ich Ihnen zeigen wollte. Wir haben uns der strengsten Unparteilichkeit bemüht und zwei Auffassungen des Traumes als gleich möglich und gleich unbewiesen gelten gelassen. Nach der ersten ist der Traum die Reaktion auf eine telepathische Botschaft: Deine Tochter bringt eben jetzt Zwillinge zur Welt. Nach der zweiten liegt ihm eine unbewußte Gedankenarbeit zugrunde, die sich etwa derart übersetzen ließe: Heute ist ja der Tag, an dem die Entbindung eintreten müßte, wenn sich die jungen Leute in Berlin wirklich um einen Monat verrechnet haben, wie ich eigentlich glaube. Und wenn meine (erste) Frau noch leben würde, die wäre doch mit einem Enkelkind nicht zufrieden! Für sie müßten es mindestens Zwillinge sein. Hat diese zweite Auffassung recht, so entstehen keine neuen Probleme für uns. Es ist eben ein Traum wie ein anderer. Zu den erwähnten (vorbewußten) Traumgedanken ist der (un-

bewußte) Wunsch hinzugetreten, daß keine andere als die Tochter die zweite Frau des Träumers hätte werden sollen, und so ist der uns mitgeteilte manifeste Traum entstanden.
Wollen Sie aber lieber annehmen, daß die telepathische Botschaft von der Entbindung der Tochter an den Schlafenden herangetreten ist, so erheben sich neue Fragen nach der Beziehung einer solchen Botschaft zum Traum und nach ihrem Einfluß auf die Traumbildung. Die Antwort liegt dann sehr nahe und ist ganz eindeutig zu geben. Die telepathische Botschaft wird behandelt wie ein Stück des Materials zur Traumbildung, wie ein anderer Reiz von außen oder innen, wie ein störendes Geräusch von der Straße, wie eine aufdringliche Sensation von einem Organ des Schlafenden. In unserem Beispiel ist es ersichtlich, wie sie mit Hilfe eines lauernden, verdrängten Wunsches zur Wunscherfüllung umgearbeitet wird, und leider weniger deutlich zu zeigen, daß sie mit anderem gleichzeitig rege gewordenem Material zu einem Traum verschmilzt. Die telepathische Botschaft — wenn eine solche wirklich anzuerkennen ist — kann also an der Traumbildung nichts ändern, die Telepathie hat mit dem Wesen des Traumes nichts zu tun. Und um den Eindruck zu vermeiden, daß ich hinter einem abstrakten und vornehm klingenden Wort eine Unklarheit verbergen möchte, bin ich bereit zu wiederholen: Das Wesen des Traumes besteht in dem eigentümlichen Prozeß der Traumarbeit, welcher vorbewußte Gedanken (Tagesreste) mit Hilfe einer unbewußten Wunschregung in den manifesten Trauminhalt überführt. Das Problem der Telepathie geht aber den Traum so wenig an wie das Problem der Angst.
Ich hoffe, Sie werden das zugeben, mir aber bald einwenden, es gibt doch auch andere telepathische Träume, in denen kein Unterschied zwischen Ereignis und Traum besteht, und in denen nichts anderes zu finden ist als unentstellte Wiedergabe des Ereignisses. Ich kenne solche telepathische Träume wieder nicht aus eigener Erfahrung, weiß aber, daß sie häufig berichtet worden sind. Nehmen wir an, wir hätten es mit einem solchen unentstellten und unvermischten telepathischen Traum zu tun, dann erhebt sich eine andere Frage: Soll man ein derartiges telepathisches Erlebnis überhaupt einen »Traum« nennen? Sie werden es ja gewiß tun, solange Sie mit dem populären Sprachgebrauch gehen, für den alles Träumen heißt, was sich während der Schlafzeit in Ihrem Seelenleben ereignet. Sie sagen vielleicht auch: Ich habe mich im Traum herumgewälzt, und finden erst recht keine Inkorrektheit darin, zu sagen: Ich habe im Traum geweint oder mich im Traum geängstigt. Aber Sie merken doch wohl, daß Sie in all diesen Fällen »Traum« und »Schlaf« oder »Schlafzustand« unterscheidungslos miteinander vertauschen. Ich meine, es wäre im Interesse wissenschaftlicher Genauigkeit, wenn wir »Traum« und »Schlafzustand« besser auseinander-

hielten. Warum sollten wir ein Seitenstück zu der von Maeder heraufbeschworenen Konfusion schaffen, der für den Traum eine neue Funktion entdeckte, indem er die Traumarbeit durchaus nicht von den latenten Traumgedanken sondern wollte? Wenn wir also einen solchen reinen telepathischen »Traum« antreffen sollten, so wollen wir ihn doch lieber ein telepathisches Erlebnis im Schlafzustand heißen. Ein Traum ohne Verdichtung, Entstellung, Dramatisierung, vor allem ohne Wunscherfüllung, verdient ja doch nicht diesen Namen. Sie werden mich daran mahnen, daß es noch andere seelische Produktionen im Schlaf gibt, denen man dann das Recht auf den Namen »Traum« absprechen müßte. Es kommt vor, daß reale Erlebnisse des Tages im Schlaf einfach wiederholt werden, die Reproduktionen traumatischer Szenen im »Traume« haben uns erst kürzlich zu einer Revision der Traumtheorie herausgefordert; es gibt Träume, die sich durch ganz besondere Eigenschaften von der gewohnten Art unterscheiden, die eigentlich nichts anderes sind als unversehrte und unvermengte nächtliche Phantasien, den bekannten Tagesphantasien sonst durchaus ähnlich. Es wäre gewiß mißlich, diese Bildungen von der Bezeichnung »Träume« auszuschließen. Aber sie alle kommen doch von innen, sind Produkte unseres Seelenlebens, während der reine »telepathische Traum« seinem Begriff nach eine Wahrnehmung von außen wäre, gegen welche sich das Seelenleben rezeptiv und passiv verhielte.

II. Der zweite Fall, von dem ich Ihnen berichten will, liegt eigentlich auf einer anderen Linie. Er bringt uns keinen telepathischen Traum, sondern einen seit Kindheitsjahren rekurrierenden Traum bei einer Person, die viel telepathische Erlebnisse gehabt hat. Ihr Brief, den ich nachstehend wiedergebe, enthält manches Merkwürdige, worüber uns zu urteilen versagt ist. Einiges davon kann für das Verhaltnis der Telepathie zum Traum verwertet werden.

1.

»... Mein Arzt, Herr Doktor N., riet mir, Ihnen einen Traum zu erzählen, der mich seit ungefähr dreißig bis zweiunddreißig Jahren verfolgt. Ich folge seinem Rate, vielleicht hat der Traum in wissenschaftlicher Beziehung für Sie Interesse. Da nach Ihrer Meinung solche Träume auf ein Erlebnis in sexueller Beziehung während der ersten Kinderjahre zurückzuführen sind, gebe ich Kindheitserinnerungen wieder, es sind Erlebnisse, die heute noch ihren Eindruck auf mich machen und so nachdrücklich gewesen sind, daß sie mir meine Religion bestimmt haben.

Darf ich Sie bitten, mir nach Kenntnisnahme vielleicht mitzuteilen, in welcher Weise Sie sich diesen Traum erklären, und ob es nicht möglich ist, ihn aus meinem Leben verschwinden zu lassen, da er mich wie ein Gespenst verfolgt und durch die Umstände, von denen er begleitet ist, – ich falle stets aus dem Bette und habe mir schon nicht unerhebliche Verletzungen zugezogen – sehr unangenehm und peinlich für mich ist.

2.
Ich bin siebenunddreißig Jahre alt, sehr kräftig und körperlich gesund, habe außer Masern und Scharlach in der Kindheit eine Nierenentzündung durchgemacht. Im fünften Jahre hatte ich eine sehr schwere Augenentzündung, nach der ein Doppeltsehen zurückblieb. Die Bilder stehen schräg zueinander, die Umrisse des Bildes sind verwischt, weil Narben von Geschwüren die Klarheit beeinträchtigen. Nach fachärztlichem Urteil ist am Auge aber nichts mehr zu ändern oder zu bessern. Durch das Zukneifen des linken Auges, um klarer zu sehen, hat sich die linke Gesichtshälfte nach oben verzerrt. Ich vermag durch Übung und Wille die feinsten Handarbeiten zu machen; ebenso habe ich mir als sechsjähriges Kind das schiefe Sehen vor dem Spiegel weggelernt, so daß heute von dem Augenfehler äußerlich nichts zu sehen ist.
In den frühesten Kinderjahren schon bin ich immer einsam gewesen, habe mich von allen Kindern zurückgezogen und habe schon Gesichte gehabt (hellhören und hellsehen), habe das aber von der Wirklichkeit nicht unterscheiden können und bin deshalb oft in Konflikte geraten, die aus mir einen sehr zurückhaltenden, scheuen Menschen gemacht haben. Da ich schon als kleinstes Kind viel mehr gewußt habe, als ich hatte lernen können, verstand ich einfach die Kinder meines Alters nicht mehr. Ich selbst bin die älteste von zwölf Geschwistern.
Von sechs bis zehn Jahren besuchte ich die Gemeindeschule und dann bis sechzehn Jahre die höhere Schule der Ursulinerinnen in B. Mit zehn Jahren habe ich innerhalb vier Wochen, es waren acht Nachhilfestunden, soviel Französisch nachgeholt, als andere Kinder in zwei Jahren lernen. Ich hatte nur zu repetieren, es war, als ob ich es schon gelernt und nur vergessen hätte. Überhaupt habe ich auch später Französisch nie zu lernen brauchen, im Gegensatz zu Englisch, das mir zwar keine Mühe machte, das mir aber unbekannt war. Ähnlich wie mit Französisch ging es mir mit Latein, das ich eigentlich nie richtig gelernt habe, sondern nur vom Kirchenlatein her kenne, das mir aber vollkommen vertraut ist. Lese ich heute ein französisches Werk, dann denke ich auch sofort Französisch, während mir das bei Englisch nie passiert, trotzdem ich Englisch besser beherrsche. – Meine Eltern sind Bauersleute, die durch Generationen nie andere Sprachen als Deutsch und Polnisch gesprochen haben.

G e s i c h t e : Zuweilen verschwindet für Augenblicke die Wirklichkeit und ich sehe etwas ganz anderes. In meiner Wohnung sehe ich z. B. sehr oft ein altes Ehepaar und ein Kind, die Wohnung hat dann andere Einrichtung. — Noch in der Heilanstalt kam früh gegen vier Uhr meine Freundin in mein Zimmer, ich war wach, hatte die Lampe brennen und saß am Tisch lesend, da ich sehr viel an Schlaflosigkeit leide. Stets bedeutete diese Erscheinung für mich Ärger, auch dieses Mal.
Im Jahre 1914 war mein Bruder im Felde, ich nicht bei den Eltern in B., sondern in Ch. Es war vormittags 10 Uhr, 22. August, da hörte ich »Mutter, Mutter« von der Stimme meines Bruders rufen. Nach zehn Minuten nochmals, habe aber n i c h t s gesehen. Am 24. August kam ich heim, fand Mutter bedrückt und auf Befragen erklärte sie, der Junge hätte sich am 22. August angemeldet. Sie sei vormittags im Garten gewesen, da hätte sie den Jungen ›Mutter, Mutter‹ rufen hören. Ich tröstete sie und sagte ihr nichts von mir. Drei Wochen darauf kam eine Karte meines Bruders an, die er am 22. August zwischen 9 und 10 Uhr vormittags geschrieben hatte, kurz darauf starb er.
Am 27. September 1921 meldete sich mir etwas in der Heilanstalt an. Es wurde zwei- bis dreimal an das Bett meiner Zimmerkollegin heftig geklopft. Wir waren beide wach, ich fragte, ob sie geklopft hätte, sie hatte nicht einmal etwas gehört. Nach acht Wochen hörte ich, daß eine meiner Freundinnen in der Nacht vom 26. auf 27. gestorben wäre.
Nun etwas, was Sinnestäuschung sein soll, Ansichtssache! Ich habe eine Freundin, die sich einen Witwer mit fünf Kindern geheiratet hat, den Mann lernte ich erst durch meine Freundin kennen. In deren Wohnung sehe ich fast jedesmal, wenn ich bei ihr bin, eine Dame aus- und eingehen. Die Annahme lag nahe, daß das die erste Frau des Mannes sei. Ich fragte gelegentlich nach einem Bilde, konnte aber nach der Photographie die Erscheinung nicht identifizieren. Nach sieben Jahren sehe ich bei einem der Kinder ein Bild mit den Zügen der Dame. Es war doch die erste Frau. Auf dem Bilde sah sie bedeutend besser aus, sie hatte gerade eine Mastkur durchgemacht und daher das für eine Lungenkranke veränderte Aussehen. — Das sind nur Beispiele von vielen.
D e r T r a u m : *Ich sehe eine Landzunge, von Wasser umgeben. Die Wellen werden von der Brandung herangetrieben und wieder zurückgerissen. Auf der Landzunge steht eine Palme, die etwas zum Wasser gebogen ist. Um den Stamm der Palme schlingt eine Frau ihren Arm und beugt sich ganz tief ins Wasser, wo ein Mann versucht, an Land zu kommen. Zuletzt legt sie sich auf die Erde, hält sich mit der Linken an*

der Palme fest und reicht so weit wie möglich ihre Rechte dem Manne ins Wasser, ohne ihn zu erreichen. Dabei falle ich aus dem Bette und wache auf. – Ich war ungefähr fünfzehn bis sechzehn Jahre alt, als ich wahrnahm, daß ich ja selbst diese Frau sei, und nun erlebte ich nicht nur die Angst der Frau um den Mann, sondern stand manchmal auch als unbeteiligte Dritte dabei und sah zu. Auch in Etappen träumte ich dieses Erlebnis. Wie das Interesse am Manne wach wurde (achtzehn bis zwanzig Jahre), versuchte ich das Gesicht des Mannes zu erkennen, es war mir nie möglich. Die Gischt ließ nur Nacken und Hinterkopf frei. Ich bin zweimal verlobt gewesen, aber dem Kopf und Körperbau nach war es keiner dieser beiden Männer. – Als ich in der Heilanstalt einmal im Paraldehydrausche lag, sah ich das Gesicht des Mannes, das ich nunmehr in jedem Traume sehe. Es ist das des mich in der Anstalt behandelnden Arztes, der mir wohl als Arzt sympathisch ist, mit dem mich aber nichts verbindet.

Erinnerungen: 1/2 bis 3/4 Jahre alt. Ich im Kinderwagen, rechts mir zur Seite zwei Pferde, das eine, ein Brauner, sieht mich groß und eindrucksvoll an. Das ist das stärkste Erlebnis, ich hatte das Gefühl, es sei ein Mensch.

Ein Jahr alt. Vater und ich im Stadtpark, wo mir ein Parkwärter ein Vögelchen in die Hand gibt. Seine Augen sehen mich wieder an, ich fühle, das ist ein Wesen wie du.

Hausschlachtungen. Beim Quieken der Schweine habe ich stets um Hilfe geschrien und immer gerufen: Ihr schlagt ja einen Menschen tot (vier Jahre alt). Ich habe Fleisch als Nahrungsmittel stets abgelehnt. Schweinefleisch hat mir stets Erbrechen verursacht. Erst im Kriege habe ich Fleisch essen gelernt, aber nur mit Widerwillen, jetzt entwöhne ich mich dessen wieder.

Fünf Jahre alt. Mutter kam nieder und ich hörte sie schreien. Ich hatte die Empfindung, dort ist ein Tier oder Mensch in höchster Not, ebenso wie ich es bei den Schlachtungen hatte.

In sexueller Beziehung bin ich als Kind ganz indifferent gewesen, mit zehn Jahren gingen Sünden wider die Keuschheit noch nicht in mein Begriffsvermögen. Mit zwölf Jahren wurde ich menstruiert. Mit sechsundzwanzig Jahren, nachdem ich einem Kinde das Leben geschenkt hatte, erwachte erst das Weib in mir, bis dahin (ein halbes Jahr) hatte ich beim Koitus stets heftiges Erbrechen. Auch später trat Erbrechen ein, wenn die kleinste Verstimmung mich bedrückte.

Ich habe eine außerordentlich scharfe Beobachtungsgabe und ein ganz ausnahmsweise scharfes Gehör, Geruch ist ebenso ausgebildet. Bekannte Menschen kann ich mit verbundenen Augen unter einem Haufen anderer herausriechen.

Ich führe mein Mehrsehen und Hören nicht auf krankhaftes Wesen, sondern auf feineres Empfinden und schnelleres Kombinationsvermögen zurück, habe aber darüber nur mit meinem Religionslehrer und Herrn Dr. . . . gesprochen, zu letzterem auch nur sehr widerwillig, weil ich mich davor scheute zu hören, daß ich Minuseigenschaften habe, die ich persönlich als Pluseigenschaften ansehe, und weil ich durch Mißverständnis in meiner Jugend sehr scheu geworden bin.«

Der Traum, dessen Deutung uns die Schreiberin auferlegt, ist nicht schwer zu verstehen. Es ist ein Traum der Rettung aus dem Wasser, also ein typischer Geburtstraum. Die Sprache der Symbolik kennt, wie Sie wissen, keine Grammatik, sie ist das Extrem einer Infinitivsprache, auch das Aktivum und das Passivum werden durch dasselbe Bild dargestellt. Wenn im Traum eine Frau einen Mann aus dem Wasser zieht (oder ziehen will), so kann das heißen, sie will seine Mutter sein (anerkennt ihn als Sohn wie die Pharaotochter den Moses) oder auch: sie will durch ihn Mutter werden, einen Sohn von ihm haben, welcher als sein Ebenbild ihm gleichgesetzt wird. Der Baumstamm, an den die Frau sich hält, ist leicht als Phallussymbol zu erkennen, auch wenn er nicht gerade steht, sondern gegen den Wasserspiegel geneigt — im Traum heißt es: gebogen — ist. Das Andrängen und Zurückfluten der Brandung legte einmal einer anderen Träumerin, die einen ganz ähnlichen Traum produziert hatte, den Vergleich mit der intermittierenden Wehentätigkeit nahe, und als ich sie, die noch nie geboren hatte, fragte, woher sie diesen Charakter der Geburtsarbeit kenne, sagte sie, man stellt sich die Wehen wie eine Art Kolik vor, was physiologisch ganz untadelig ist. Sie assoziierte dazu: »Des Meeres und der Liebe Wellen.« Woher unsere Träumerin die feinere Ausstattung des Symbols in so frühen Jahren genommen haben kann (Landzunge, Palme), weiß ich natürlich nicht zu sagen. Übrigens vergessen wir nicht daran: Wenn Personen behaupten, daß sie seit Jahren von demselben Traum verfolgt werden, so stellt sich oft heraus, daß es manifester Weise nicht ganz derselbe ist. Nur der Kern des Traumes ist jedesmal wiedergekehrt, Einzelheiten des Inhalts sind abgeändert worden oder neu hinzugekommen.

Am Ende dieses offenbar angstvollen Traumes fällt die Träumerin aus dem Bett. Das ist eine neuerliche Darstellung der Niederkunft. Die analytische Erforschung der Höhenphobien, der Angst vor dem Impuls, sich aus dem Fenster zu stürzen, hat Ihnen gewiß allen das nämliche Ergebnis geliefert.

Wer ist nun der Mann, von dem sich die Träumerin ein Kind wünscht oder zu dessen Ebenbild sie Mutter sein möchte? Sie hat sich oft bemüht, sein Gesicht zu sehen, aber der Traum ließ es nicht zu, der Mann sollte inkognito bleiben. Wir wissen aus ungezählten Analysen, was diese Verschleierung bedeutet, und unser Analogieschluß wird durch eine andere Angabe der Träumerin gesichert. In einem Paraldehydrausch erkannte sie einmal das Gesicht des Mannes im Traum als das des Anstaltsarztes, der sie behandelte und der ihrem bewußten Gefühlsleben nichts weiter bedeutete. Das Original hatte sich also nie gezeigt, aber dessen Abdruck in der »Übertragung« gestattet den Schluß, daß es immer früher der Vater hätte sein sollen. Wie recht hatte doch Ferenczi, als er auf die »Träume der Ahnungslosen« als wertvolle Urkunden zur Bestätigung unserer analytischen Vermutungen hinwies! Unsere Träumerin war die älteste von zwölf Kindern; wie oft mußte sie die Qualen der Eifersucht und Enttäuschung durchgemacht haben, wenn nicht sie, sondern die Mutter das ersehnte Kind vom Vater empfing!

Ganz richtig hat unsere Träumerin verstanden, daß ihre ersten Kindheitserinnerungen für die Deutung ihres frühen und seither wiederkehrenden Traumes wertvoll sein würden. In der ersten Szene vor einem Jahr sitzt sie im Kinderwagen, neben ihr zwei Pferde, von denen eines sie groß und eindrucksvoll ansieht. Sie bezeichnet das als ihr stärkstes Erlebnis, sie hatte das Gefühl, es sei ein Mensch. Wir aber können uns in diese Wertung nur einfühlen, wenn wir annehmen, zwei Pferde ständen hier, wie so oft, für ein Ehepaar, für Vater und Mutter. Es ist dann wie ein Aufblitzen des infantilen Totemismus. Könnten wir die Schreiberin sprechen, so würden wir die Frage an sie richten, ob nicht der Vater seiner Farbe nach in dem braunen Pferd, das sie so menschlich ansieht, erkannt werden darf. Die zweite Erinnerung ist mit der ersten durch das gleiche »verständnisvolle Ansehen« assoziativ verknüpft. Aber das In-die-Hand-Nehmen des Vögelchens mahnt den Analytiker, der nun einmal seine Vorurteile hat, an einen Zug des Traumes, der die Hand der Frau in Beziehung zu einem anderen Phallussymbol bringt.

Die nächsten beiden Erinnerungen gehören zusammen, sie bieten der Deutung noch geringere Schwierigkeiten. Das Schreien der Mutter bei ihrer Niederkunft erinnert sie direkt an das Quieken der Schweine bei einer Hausschlachtung und versetzt sie in dieselbe mitleidige Raserei. Wir vermuten aber auch, hier liegt eine heftige Reaktion gegen einen bösen Todeswunsch vor, welcher der Mutter galt.

Mit diesen Andeutungen der Zärtlichkeit für den Vater, der genitalen Berührungen mit ihm und der Todeswünsche gegen die Mutter ist der Umriß des weiblichen Ödipuskomplexes gezogen. Die lang bewahrte sexuelle Unwissenheit und spätere Frigidität entsprechen diesen Voraussetzungen. Unsere Schreiberin ist virtuell — und zeitweise gewiß auch faktisch — eine hysterische Neurotika geworden. Die Mächte des Lebens haben sie zu ihrem Glück mit sich fortgerissen, ihr weibliches Sexualempfinden, Mutterglück und mannigfache Erwerbsleistung möglich gemacht, aber ein Anteil ihrer Libido haftet noch immer an den Fixierungsstellen ihrer Kindheit, sie träumt noch immer jenen Traum, der sie aus dem Bette wirft und für die inzestuöse Objektswahl mit »nicht unerheblichen Verletzungen« bestraft.

Was die stärksten Einflüsse späteren Erlebens nicht zustande brachten, soll jetzt die briefliche Aufklärung eines fremden Arztes leisten. Wahrscheinlich würde es einer regelrechten Analyse in längerer Zeit gelingen. Wie die Verhältnisse liegen, mußte ich mich damit begnügen, ihr zu schreiben, ich sei überzeugt, daß sie an der Nachwirkung einer starken Gefühlsbindung an den Vater und der entsprechenden Identifizierung mit der Mutter leide, hoffe aber selbst nicht, daß diese Aufklärung ihr nützen werde. Spontanheilungen von Neurosen hinterlassen in der Regel Narben und diese werden von Zeit zu Zeit wieder schmerzhaft. Wir sind sehr stolz auf unsere Kunst, wenn wir eine Heilung durch Psychoanalyse vollbracht haben, können aber einen solchen Ausgang in Bildung einer schmerzhaften Narbe auch nicht immer abwenden.

Die kleine Erinnerungsreihe soll unsere Aufmerksamkeit noch ein wenig festhalten. Ich habe einmal behauptet, daß solche Kindheitsszenen »Deckerinnerungen« sind, die zu einer späteren Zeit herausgesucht, zusammengestellt und dabei nicht selten verfälscht werden. Mitunter läßt sich erraten, welcher Tendenz diese späte Umarbeitung dient. In unserem Falle hört man geradezu das Ich der Schreiberin sich mittels dieser Erinnerungsreihe rühmen oder beschwichtigen: Ich war von klein auf ein besonders edles und mitleidiges Menschenkind. Ich habe frühzeitig erkannt, daß die Tiere ebenso eine Seele haben wie wir, und habe Grausamkeit gegen Tiere nicht vertragen. Die Sünden des Fleisches sind mir fern geblieben und meine Keuschheit habe ich bis in späte Jahre bewahrt. Mit solcher Erklärung widerspricht sie laut den Annahmen, die wir auf Grund unserer analytischen Erfahrung über ihre frühe Kindheit machen müssen, daß sie voll war von vorzeitigen Sexualregungen und heftigen Haßregungen gegen die Mutter und die jüngeren Geschwister. (Das kleine Vögelchen kann, außer der ihm zugewiesenen genitalen Bedeutung, auch die eines Symbols für ein kleines Kind haben, wie alle kleinen Tiere, und die Erinnerung betont so sehr aufdringlich die Gleichberechtigung dieses kleinen Wesens mit ihr selbst). Die kurze Erinnerungsreihe gibt so ein hübsches Beispiel für eine psychische Bildung mit zweifachem Aspekt. Oberflächlich betrachtet, gibt sie einem abstrakten Gedanken Ausdruck, der hier, wie meistens, sich auf Ethisches bezieht, sie hat nach H. Silberers Bezeichnung anagogischen Inhalt; bei tiefer eindringender Untersuchung erweist sie sich als eine Kette von Tatsachen aus dem Gebiet des verdrängten Trieblebens, sie offenbart ihren psychoanalytischen Gehalt. Wie Sie wissen, hat Silberer, der als einer der ersten die Warnung an uns ergehen ließ, ja nicht an den edleren Anteil der menschlichen Seele zu vergessen, die Behauptung aufgestellt, daß alle oder die meisten Träume eine solche doppelte Deutung, eine reinere, anagogische, über der gemeinen, psychoanalytischen, zulassen. Dies ist nun leider nicht der Fall; im Gegenteil, eine solche Überdeutung gelingt recht selten; es ist auch meines Wissens bisher nicht ein brauchbares Beispiel einer solchen doppeldeutigen Traumanalyse veröffentlicht worden. Aber an den Assoziationsreihen, welche unsere Patienten in der analytischen Kur vorbringen, können Sie solche Beobachtungen relativ häufig machen. Die aufeinander folgenden Einfälle verknüpfen sich einerseits durch eine klar zutage liegende, durchlaufende Assoziation, andererseits werden Sie auf ein tiefer liegendes, geheim gehaltenes Thema aufmerksam, welches gleichzeitig an all diesen Einfällen beteiligt ist. Der Gegensatz zwischen beiden in derselben Einfallsreihe dominierenden Themen ist nicht immer der von hoch-anagogisch und gemein-analytisch, eher der von anstößig und anständig oder indifferent, was Sie dann das Motiv für die Entstehung einer solchen Assoziationskette mit doppelter Determinierung leicht verstehen läßt. In unserem Beispiel ist es natürlich kein Zufall, daß Anagogie und psychoanalytische Deutung in so scharfem Gegensatze stehen; beide beziehen sich auf das nämliche Material und die spätere Tendenz ist gerade die der Reaktionsbildungen, die sich gegen die verleugneten Triebregungen erhoben hatten.

Warum wir aber überhaupt nach einer psychoanalytischen Deutung suchen und uns nicht mit der näher liegenden anagogischen begnügen? Das hängt mit vielerlei zusammen, mit der Existenz der Neurose überhaupt, mit den Erklärungen, die sie notwendig fordert, mit der Tatsache, daß die Tugend die Menschen nicht so froh und lebensstark macht, wie man erwarten sollte, als ob sie noch zuviel von ihrer Herkunft an sich trüge, — auch unsere Träumerin ist für ihre Tugend nicht recht belohnt worden — und mit manchem anderen, was ich gerade vor Ihnen nicht zu erörtern brauche.

Wir haben aber bisher die Telepathie, die andere Determinante unsres Interesses an diesem Fall, ganz beiseite gelassen. Es ist Zeit, zu ihr zurückzukehren. Wir haben es hier in gewissem Sinne leichter als im Falle des Herrn G. Bei einer Person, der so leicht und schon in früher Jugend die Wirklichkeit entschwindet, um einer Phantasiewelt Platz zu machen, wird die Versuchung überstark, ihre telepathischen Erlebnisse und »Gesichte« mit ihrer Neurose zusammenzubringen und aus dieser abzuleiten, wenngleich wir uns auch hier über die zwingende Kraft unserer Aufstellungen nicht täuschen dürfen. Wir setzen nur verständliche Möglichkeiten an die Stelle des Unbekannten und Unverständlichen.

Am 22. August 1914, vormittags zehn Uhr, unterliegt die Schreiberin der telepathischen Wahrnehmung, daß ihr im Feld befindlicher Bruder »Mutter, Mutter« ausruft. Das Phänomen ist ein rein akustisches, wiederholt sich kurz nachher, sie sieht aber nichts dabei. Zwei Tage später sieht sie ihre Mutter und findet sie schwer bedrückt, da sich der Junge bei ihr mit dem wiederholten Ausruf »Mutter, Mutter« angemeldet. Sie erinnert sich sofort an die nämliche telepathische Botschaft, die ihr zu gleichen Zeit zuteil geworden, und wirklich läßt sich nach Wochen feststellen, daß der junge Krieger an jenem Tage zur bezeichneten Stunde gestorben ist.

Es ist nicht zu beweisen, aber auch nicht abzuweisen, daß der Vorgang vielmehr der folgende war: Die Mutter macht ihr eines Tages die Mitteilung, daß sich der Sohn telepathisch bei ihr angezeigt. Sofort entsteht bei ihr die Überzeugung, sie habe um dieselbe Zeit das gleiche Erlebnis gehabt. Solche Erinnerungstäuschungen treten mit zwanghafter Stärke auf, die sie aus realer Quelle beziehen; sie setzen aber psychische Realität in materielle um. Das Starke an der Erinnerungstäuschung ist, daß sie ein guter Ausdruck für die in der Schwester vorhandene Tendenz zur Identifizierung mit der Mutter werden kann. »Du sorgst dich um den Jungen, aber ich bin ja eigentlich seine Mutter. Also hat sein Ausruf mich gemeint, ich habe jene telepathische Botschaft empfangen.« Die Schwester würde natürlich unseren Erklärungsversuch entschieden ablehnen und ihren Glauben an das eigene Erlebnis festhalten. Allein sie kann gar nicht anders; sie muß an die Realität des pathologischen Erfolges glauben, solange ihr die Realität der unbewußten Voraussetzung unbekannt ist. Die Stärke und Unangreifbarkeit eines jeden Wahns führt sich ja auf seine Abstammung von einer unbewußten psychischen Realität zurück. Ich bemerke noch, das Erlebnis der Mutter haben wir hier nicht zu erklären und dessen Tatsächlichkeit nicht zu untersuchen.

Der verstorbene Bruder ist aber nicht nur das imaginäre Kind unserer Schreiberin, sondern er steht auch für einen schon bei der Geburt mit Haß empfangenen Rivalen. Weitaus die zahlreichsten telepathischen Ahnungen beziehen sich auf Tod und Todesmöglichkeiten; den analytischen Patienten, die uns von der Häufigkeit und Untrüglichkeit ihrer düsteren Vorahnungen berichten, können wir mit ebensolcher Regelmäßigkeit nachweisen, daß sie besonders starke unbewußte Todeswünsche gegen ihre Nächsten im Unbewußten hegen und darum seit langem unterdrücken. Der Patient, dessen Geschichte ich 1909 in den »Bemerkungen über einen Fall von Zwangsneurose« erzählte, war ein Beispiel hiefür; er hieß bei seinen Angehörigen

auch der »Leichenvogel«; aber als der liebenswürdige und geistreiche Mann – der seither selbst im Kriege untergegangen ist – auf den Weg der Besserung kam, verhalf er mir selbst dazu, seine psychologischen Taschenspielereien aufzuhellen. Auch die im Brief unseres ersten Korrespondenten enthaltene Mitteilung, wie er und seine drei Brüder die Nachricht vom Tod ihres jüngsten Bruders als etwas innerlich längst Gewußtes aufgenommen, scheint keiner anderen Aufklärung zu bedürfen. Die älteren Brüder werden alle die gleiche Überzeugung von der Überflüssigkeit dieses jüngsten Ankömmlings bei sich entwickelt haben.
Ein anderes »Gesicht« unserer Träumerin, dessen Verständnis vielleicht durch analytische Einsicht erleichtert wird! Freundinnen haben offenbar eine große Bedeutung für ihr Gefühlsleben. Der Tod einer derselben zeigte sich kürzlich durch nächtliches Klopfen an das Bett einer Zimmerkollegin in der Heilanstalt an. Eine andere Freundin hatte vor vielen Jahren einen Witwer mit vielen (fünf) Kindern geheiratet. In deren Wohnung sah sie regelmäßig bei ihren Besuchen die Erscheinung einer Dame, in der sie die verstorbene erste Frau vermuten mußte, was sich zunächst nicht bestätigen ließ und ihr erst nach sieben Jahren durch die Auffindung einer neuen Photographie der Verstorbenen zur Gewißheit wurde. Diese visionäre Leistung steht in der nämlichen innigen Abhängigkeit von den uns bekannten Familienkomplexen der Schreiberin, wie ihre Ahnung vom Tode des Bruders. Wenn sie sich mit der Freundin identifiziert, konnte sie in deren Person ihre Wunscherfüllung finden, denn alle ältesten Töchter kinderreicher Familien schaffen im Unbewußten die Phantasie, durch den Tod der Mutter die zweite Frau des Vaters zu werden. Wenn die Mutter krank ist oder stirbt, rückt die älteste Tochter wie selbstverständlich an ihre Stelle im Verhältnis zu den Geschwistern und darf auch beim Vater einen Teil der Funktionen der Frau übernehmen. Der unbewußte Wunsch ergänzt hiezu den anderen Teil.
Das ist nun bald alles, was ich Ihnen erzählten wollte. Ich könnte noch die Bemerkung hinzufügen, daß die Fälle von telepathischer Botschaft oder Leistung, die wir hier besprochen haben, deutlich an Erregungen geknüpft sind, welche dem Bereich des Ödipuskomplexes angehören. Das mag frappant klingen, ich möchte es aber nicht für eine große Entdeckung ausgeben. Wir wollen lieber zu dem Ergebnis zurückkehren, welches wir aus der Untersuchung des Traumes in unserem ersten Fall gewonnen haben. Die Telepathie hat mit dem Wesen des Traumes nichts zu tun, sie kann auch unser analytisches Verständnis des Traumes nicht vertiefen. Im Gegenteil kann die Psychoanalyse das Studium der Telepathie fördern, indem sie mit Hilfe ihrer Deutungen manche Unbegreiflichkeiten der telepathischen Phänomene unserem Verständnis näher bringt, oder von ande-

ren, noch zweifelhaften Phänomenen erst nachweist, daß sie telepathischer Natur sind.

Was von dem Anschein einer innigen Beziehung zwischen Telepathie und Traum übrig bleibt, ist die unbestrittene Begünstigung der Telepathie durch den Schlafzustand. Dieser ist zwar keine unumgängliche Bedingung für das Zustandekommen telepathischer Vorgänge, – beruhen sie nun auf Botschaften oder auf unbewußter Leistung. Wenn Sie dies noch nicht wissen sollten, so muß das Beispiel unseres zweiten Falles, in dem der Junge sich zwischen neun und zehn Uhr vormittags anmeldet, es Sie lehren. Aber wir müssen doch sagen, man hat kein Recht, telepathische Beobachtungen darum zu beanstanden, weil Ereignis und Ahnung (oder Botschaft) nicht zur gleichen astronomischen Zeit vorgefallen sind. Von der telepathischen Botschaft ist es sehr wohl denkbar, daß sie gleichzeitig mit dem Ereignis eintrifft und doch erst während des Schlafzustandes der nächsten Nacht – oder selbst im Wachleben erst nach einer Weile, während einer Pause der aktiven Geistestätigkeit – vom Bewußtsein wahrgenommen wird. Wir sind ja auch der Meinung, daß die Traumbildung nicht notwendigerweise erst mit dem Einsetzen des Schlafzustandes beginnt. Die latenten Traumgedanken mögen oft den ganzen Tag über vorbereitet worden sein, bis sie zur Nachtzeit den Anschluß an den unbewußten Wunsch finden, der sie zum Traum umbildet. Wenn das telepathische Phänomen aber nur eine Leistung des Unbewußten ist, dann liegt ja kein neues Problem vor. Die Anwendung der Gesetze des unbewußten Seelenlebens verstünde sich dann für die Telepathie von selbst.

Habe ich bei Ihnen den Eindruck erweckt, daß ich für die Realität der Telepathie im okkulten Sinne versteckt Partei nehmen will? Ich würde es sehr bedauern, daß es so schwer ist, solchen Eindruck zu vermeiden. Denn ich wollte wirklich voll unparteiisch sein. Ich habe auch allen Grund dazu, denn ich habe kein Urteil, ich weiß nichts darüber.

Brief an Maxime Leroy
Über einen Traum des Cartesius

Ihr Brief, der mich auffordert[1], mich über einige Träume von Descartes zu äußern, hat bei mir als erstes ein Gefühl des Unbehagens hervorgerufen. Wir sind bei der Traumdeutung darauf angewiesen, daß der Träumer selbst die Einfälle beistellt, welche die Traumelemente untereinander und mit den Resten der Tagesereignisse verbinden sollen. Wo diese Hilfe fehlt, wie es bei den Träumen historischer Personen notwendigerweise der Fall ist, sind unsere Bemühungen selten aussichtsreich. In der Folge erwies sich aber die vorliegende Aufgabe leichter als erwartet. Trotzdem werde ich nicht erstaunt sein, wenn der Erfolg Ihren berechtigten Erwartungen nicht gleichkommt.

Die Träume unseres Philosophen gehören in die Kategorie, die wir als »Träume von oben« bezeichnen, d. h. sie sind Gedankenreihen gleichzustellen, die ihrem Ursprung nach dem Wachleben ebenso zugehören können wie dem Schlafzustand und die sich

[1] Zur Vorgeschichte dieses Briefes vgl. die Hinweise zu den einzelnen Schriften am Schluß dieses Bandes. Maxime Leroy gibt in seinem 1929 erschienenen Buch *Descartes; le philosophe au masque* (Band I, 6. Kapitel ›Les songes d'une nuit de Souabe‹) von den Träumen Descartes folgenden Bericht: »Dann, in der Nacht, in der alles Fieber, Gewittersturm, Panik ist, steigen Gespenster vor dem Träumer auf. Er versucht, sich zu erheben, um sie zu verjagen. Aber er fällt zurück, beschämt über sich selbst, und fühlt, wie eine große Schwäche seine rechte Seite lähmt. Plötzlich wird in seinem Zimmer ein Fenster aufgerissen. Entsetzt fühlt er sich von den Böen eines gewaltigen Sturmes erfaßt, der ihn mehrmals auf seinem linken Fuß herumwirbelt.

Taumelnd sich weiterschleppend, erreicht er die Gebäude der Schule, in der er erzogen worden ist. Er macht einen verzweifelten Versuch, in die Kapelle zu gelangen, um dort Andacht zu halten. In diesem Augenblick kommen Leute vorbei. Er möchte stehen bleiben, mit ihnen reden; er bemerkt, daß einer eine Melone trägt. Aber ein heftiger Windstoß drängt ihn zurück zur Kapelle.

Darauf erwacht er, an der linken Seite von einem heftigen, stechenden Schmerz geplagt. Er weiß nicht, ob er träumt oder wach ist. Halbwach sagt er zu sich selbst, daß ein böser Geist ihn habe verführen wollen, und murmelt ein Gebet, um ihn auszutreiben.

Er schläft wieder ein. Ein Blitzschlag weckt ihn auf, der das Zimmer mit Funkengesprüh erfüllt. Aufs neue fragt er sich, ob er schlafe oder wache, ob dies ein Traum oder ein Hirngespinst sei; er öffnet und schließt die Augen, um Gewißheit zu erlangen; dann, beruhigt und von der Müdigkeit übermannt, schlummert er wieder ein.

Mit brennendem Hirn, aufgestört von Geräuschen und dumpfem Schmerz, schlägt Descartes ein Lexikon auf, danach eine Gedichtsammlung. Dieser unerschrockene Wanderer träumt über den Vers: *Quod vitae sectabor iter?* Noch eine Reise ins Land der Träume? Plötzlich tritt ein unbekannter Mann herein, der vorgibt, ihm einen Text von Ausonius vorlesen zu wollen, und mit diesen Worten beginnt: *Est et non.* Aber der Mann verschwindet wieder, und ein anderer tritt an seine Stelle. Das Buch verflüchtigt sich gleichfalls, taucht jedoch, mit Kupferstich-Portraits verziert, wieder auf. Allmählich beruhigt sich die Nacht.«

nur für gewisse Anteile eine Verstärkung aus den tieferen Schichten des Seelenlebens holen. Der Trauminhalt ist in solchen Fällen gewöhnlich ein abstrakter, poetischer oder symbolischer.
Die Analyse solcher Träume ergibt gewöhnlich folgendes: wir verstehen den Traum nicht; aber der Träumer (oder der Patient) versteht und übersetzt ihn ohne weiteres, soweit der Trauminhalt seinem bewußten Wachdenken nahekommt. Darüber hinaus bleiben noch Traumstücke, zu denen der Träumer nichts zu sagen weiß, nämlich diejenigen Elemente, die aus dem Unbewußten stammen und in vieler Beziehung die bedeutungsvollsten sind.
Im günstigsten Fall deutet der Analytiker diese unbewußten Anteile auf Grund der weiteren Einfälle des Träumers.
Lassen Sie uns diese Theorie der »Träume von oben« (von oben im psychologischen Sinn der Oberfläche des Bewußtseins, nicht im mystischen Sinn von überirdischen Einflüssen) auf Descartes' Träume anwenden.
Unser Philosoph gibt uns seine eigene Deutung[1], die wir, allen

[1] Die entsprechenden Textstellen lauten im Buch von Leroy (loc. cit., S. 85):
»Er mutmaßte, daß das ›Lexikon‹ nichts anderes zu bedeuten hatte als die Versammlung aller Wissenschaften und daß die Gedichtsammlung mit dem Titel *Corpus Poetarum* speziell und genauer die vereinten Bereiche von Philosophie und Weisheit meinte . . . Descartes verfolgte im Schlaf die Deutung dieses Traumes noch weiter und nahm an, daß das Stück des Verses über die Ungewißheit, welche Lebensart man wählen solle, das mit *Quod vitae sectabor iter* beginnt, den guten Rat eines Weisen oder gar die Moraltheologie anzeige . . .
Die in dem Band versammelten Dichter standen für Offenbarung und Begeisterung, deren teilhaftig zu werden, ihn nicht in Verzweiflung gestürzt hätte. Hinter dem Versstück *Est et non* (das dem *Ja* und *Nein* des Pythagoras entspricht) erkannte er Wahrheit und Falschheit im Wissen der Menschen und in den weltlichen Wissenschaften. Da er sah, daß die Bestimmung all dieser Dinge genau nach seinem Geschmack gelang, war er kühn genug, sich einzureden, der Geist der Wahrheit habe ihm durch diesen Traum die Schätze aller Wissenschaften auftun wollen. Nun brauchte er bloß noch die Kupferstich-Portraits zu deuten, die er in dem zweiten Buch gefunden hatte; als ihm am darauffolgenden Tag ein italienischer Maler einen Besuch abstattete, stellte er die Suche nach dieser Erklärung ein.
Dieser letzte Traum, der nichts als Erfreuliches und Angenehmes enthielt, bezog sich seiner Meinung nach auf die Zukunft: er galt dem, was ihm in der ihm noch verbleibenden Lebenszeit bevorstehen würde. Die beiden vorhergehenden aber nahm er als Ermahnung hinsichtlich seines bisherigen Lebens, das vor Gott nicht so unschuldig gewesen sein konnte wie vor den Menschen. Darin sah er den Grund für Schrecken und Entsetzen, die die beiden Träume begleitet hatten. Die Melone, die man ihm im ersten Traum überreichen wollte, stand, so sagte er, für die Reize der Einsamkeit, aber ausgedrückt in rein menschlichen Verlockungen. Der Sturm, von dem er gegen die Kapelle der Schule gedrückt worden war, was ihm Schmerzen in der rechten Seite bereitet hatte, war nichts anderes als der böse Geist, der ihn mit Gewalt an einen Ort zu zwingen versuchte, an den er ohnehin freiwillig gelangen wollte. Deshalb hatte Gott ihm nicht gestattet, daß er vorankäme und selbst an einen heiligen Ort sich von einem Geist geleiten ließe, den Er nicht geschickt hatte: dabei war er fest davon überzeugt, daß es ein von Gott gesandter Geist gewesen war, der ihn die ersten Schritte in Richtung auf diese Kirche hatte tun lassen. Das Entsetzen, das ihn im zweiten Traum erfaßt hatte, bedeutete nach seiner Ansicht seine Synderesis, also seine Gewissensbisse wegen der Sünden, die er in seinem bisherigen Leben hatte begehen können. Der Blitz, dessen Einschlagen er gehört hatte, war das Zeichen des Geistes der Wahrheit, der auf ihn herniederfuhr, um sich seiner zu bemächtigen.«

Regeln der Traumdeutung folgend, akzeptieren müssen; ich setze hinzu, daß wir hier keinen Weg haben, der darüber hinausführt.
Seine Erklärung bestätigend, können wir anführen, daß die Behinderung der freien Bewegung, die Descartes schildert, uns wohlbekannt ist: sie entspricht der Traumdarstellung eines inneren Konflikts. Die linke Seite entspricht der Darstellung des Bösen und der Sünde, der Wind der eines »bösen Geistes« (*animus*).
Die verschiedenen Personen, die im Traum erscheinen, sind uns natürlich unbekannt, so leicht Descartes selbst sie auf Befragen identifiziert hätte. Die wenigen bizarren und fast absurden Elemente, wie z. B. »die Melone aus einem fremden Land« oder die kleinen Portraits, bleiben unaufgeklärt.
Zum Traumelement der Melone bringt uns der Träumer immerhin den einen (originellen) Einfall, daß hier die »Reize der Einsamkeit, aber ausgedrückt in rein menschlichen Verlockungen« dargestellt seien. So vage diese Erklärung auch ist, so könnte sie doch durch eine Reihe von Einfällen zur richtigen Deutung führen. In Übereinstimmung mit seinem Gefühl der Sündhaftigkeit, kann diese Assoziation auf eine sexuelle Vorstellung hinweisen, von der der junge Träumer in seiner Zurückgezogenheit geplagt worden ist.
Zur Frage der Portraits gibt Descartes uns keine Aufklärung.

(Aus dem Französischen übersetzt von Anna Freud.)

Meine Berührung mit Josef Popper-Lynkeus

Es war im Winter 1899, daß mein Buch »Die Traumdeutung«, ins neue Jahrhundert vordatiert, endlich vor mir lag. Dieses Werk war das Ergebnis einer vier- bis fünfjährigen Arbeit, auf nicht gewöhnliche Art entstanden. Für Nervenkrankheiten an der Universität habilitiert, hatte ich versucht, mich selbst und meine rasch angewiesene Familie durch ärztliche Hilfeleistung an die sogenannten »Nervösen« zu erhalten, deren es in unserer Gesellschaft nur zu viele gab. Aber die Aufgabe erwies sich als schwerer als ich erwartet hatte. Die gebräuchlichen Behandlungsmethoden nützten offenbar nichts oder zu wenig, man mußte neue Wege suchen. Und wie wollte man überhaupt den Kranken helfen, wenn man nichts von ihren Leiden verstand, nichts von der Verursachung ihrer Beschwerden, von der Bedeutung ihrer Klagen? Ich suchte also eifrig nach Anhalt und Unterweisung bei Meister Charcot in Paris, bei Bernheim in Nancy; eine Beobachtung meines überlegenen Freundes Josef Breuer in Wien schien endlich neue Aussicht auf Verständnis und therapeutischen Einfluß zu eröffnen.
Diese neuen Erfahrungen brachten es nämlich zur Gewißheit, daß die von uns nervös genannten Kranken in gewissem Sinne an psychischen Störungen litten und daher mit psychischen Mitteln zu behandeln waren. Unser Interesse mußte sich der Psychologie zuwenden. Was nun die in den Philosophenschulen herrschende Seelenwissenschaft geben konnte, war freilich geringfügig und für unsere Zwecke unbrauchbar; wir hatten die Methoden wie deren theoretische Voraussetzungen neu zu finden. Ich arbeitete also in dieser Richtung zuerst in Gemeinschaft mit Breuer, dann unabhängig von ihm. Am Ende wurde es ein Stück meiner Technik, daß ich die Kranken aufforderte, mir kritiklos mitzuteilen, was immer durch ihren Sinn ging, auch solche Einfälle, deren Berechtigung sie nicht verstanden, deren Mitteilung ihnen peinlich war.
Wenn sie meinem Verlangen nachgaben, erzählten sie mir auch ihre Träume, als ob diese von derselben Art wären, wie ihre anderen Gedanken. Es war ein deutlicher Wink, diese Träume zu werten wie andere verständliche Produktionen. Aber sie waren nicht verständlich, sondern fremdartig, verworren, absurd, wie eben Träume sind und weshalb sie von der Wissenschaft als sinn- und zwecklose Zuckungen am Seelenorgan verurteilt werden. Wenn meine Patienten recht hatten, die ja nur

den jahrtausendealten Glauben der unwissenschaftlichen Menschheit zu wiederholen schienen, so stand ich vor der Aufgabe einer »Traumdeutung«, die vor der Kritik der Wissenschaft bestehen konnte.
Zunächst verstand ich natürlich von den Träumen meiner Patienten nicht mehr als die Träumer selbst. Indem ich aber auf diese Träume und besonders auf meine eigenen das Verfahren anwendete, dessen ich mich schon beim Studium anderer abnormer psychischer Bildungen bedient hatte, gelang es mir, die meisten der Fragen zu beantworten, die eine Traumdeutung aufwerfen konnte. Es gab da viel zu fragen: wovon träumt man? warum träumt man überhaupt? woher rühren all die merkwürdigen Eigenheiten, die den Traum vom wachen Denken unterscheiden? und dergleichen mehr. Einige der Antworten waren leicht zu geben, erwiesen sich auch als Bestätigung von früher geäußerten Ansichten, andere erforderten durchaus neue Annahmen über den Aufbau und die Arbeitsweise unseres seelischen Apparats. Man träumte von dem, was die Seele während des wachen Tages bewegt hatte; man träumte, um die Regungen, die den Schlaf stören wollten, zu besänftigen und den Schlaf fortsetzen zu können. Aber warum konnte der Traum so fremdartig erscheinen, so verworren unsinnig, so offenbar gegensätzlich gegen den Inhalt des wachen Denkens, wenn er sich doch mit dem nämlichen Stoff beschäftigte? Sicherlich war der Traum nur der Ersatz einer vernünftigen Gedankentätigkeit und ließ sich deuten, d. h. in eine solche übersetzen, aber was nach Erklärung verlangte, war die Tatsache der Entstellung, die die Traumarbeit an dem vernünftigen und verständlichen Material vorgenommen hatte.
Die Traumentstellung war das tiefste und schwierigste Problem des Traumlebens. Und zu ihrer Aufklärung ergab sich folgendes, was den Traum in eine Reihe stellte mit anderen psychopathologischen Bildungen, ihn gleichsam als die normale Psychose des Menschen entlarvte. Unsere Seele, jenes kostbare Instrument, mittels dessen wir uns im Leben behaupten, ist nämlich keine in sich friedlich geschlossene Einheit, sondern eher einem modernen Staat vergleichbar, in dem eine genuß- und zerstörungssüchtige Masse durch die Gewalt einer besonnenen Oberschicht niedergehalten werden muß. Alles, was sich in unserem Seelenleben tummelt und was sich in unseren Gedanken Ausdruck schafft, ist Abkömmling und Vertretung der mannigfachen Triebe, die uns in unserer leiblichen Konstitution gegeben sind; aber nicht alle diese Triebe sind gleich lenkbar und erziehbar, sich den Anforderungen der Außenwelt und der menschlichen Gemeinschaft zu fügen. Manche von ihnen haben ihren ursprünglich unbändigen Charakter bewahrt; wenn wir sie gewähren ließen, würden sie uns unfehlbar ins Verderben stürzen.

Wir haben darum, durch Schaden klug gemacht, in unserer Seele Organisationen entwickelt, die sich der direkten Triebäußerung als Hemmungen entgegenstellen. Was als Wunschregung aus den Quellen der Triebkräfte auftaucht, muß sich die Prüfung durch unsere obersten seelischen Instanzen gefallen lassen und wird, wenn es nicht besteht, verworfen und vom Einfluß auf unsere Motilität, also von der Ausführung abgehalten. Ja, oft genug wird diesen Wünschen selbst der Zutritt zum Bewußtsein verweigert, dem regelmäßig selbst die Existenz der gefährlichen Triebquellen fremd ist. Wir sagen dann, diese Regungen seien für das Bewußtsein verdrängt und nur im Unbewußten vorhanden. Gelingt es dem Verdrängten, irgendwo durchzudringen, zum Bewußtsein oder zur Motilität oder zu beiden, dann sind wir eben nicht mehr normal. Dann entwickeln wir die ganze Reihe neurotischer und psychotischer Symptome. Das Aufrechterhalten der notwendig gewordenen Hemmungen und Verdrängungen kostet unser Seelenleben einen großen Kräfteaufwand, von dem es sich gerne ausruht. Der nächtliche Schlafzustand scheint dafür eine gute Gelegenheit zu sein, weil er ja die Einstellung unserer motorischen Leistung mit sich bringt. Die Situation erscheint ungefährlich, also ermäßigen wir die Strenge unserer inneren Polizeigewalten. Wir ziehen sie nicht ganz ein, denn man kann es nicht wissen, das Unbewußte schläft vielleicht niemals. Und nun tut der Nachlaß des auf ihm lastenden Drucks seine Wirkung. Aus dem verdrängten Unbewußten erheben sich Wünsche, die im Schlaf wenigstens den Zugang zum Bewußtsein frei finden würden. Wenn wir sie erfahren könnten, würden wir entsetzt sein über ihren Inhalt, ihre Maßlosigkeit, ja ihre bloße Möglichkeit. Doch das geschieht nur selten, worauf wir dann eiligst unter Angst erwachen. In der Regel erfährt unser Bewußtsein den Traum nicht so, wie er wirklich gelautet hat. Die hemmenden Mächte, die Traumzensur, wie wir sie nennen wollen, werden zwar nicht voll wach, aber sie haben auch nicht ganz geschlafen. Sie haben den Traum beeinflußt, während er um seinen Ausdruck in Worten und Bildern rang, haben das Anstößigste beseitigt, anderes bis zur Unkenntlichkeit abgeändert, echte Zusammenhänge aufgelöst, falsche Verknüpfungen eingeführt, bis aus der ehrlichen, aber brutalen Wunschphantasie des Traumes der manifeste, von uns erinnerte Traum geworden ist, mehr oder weniger verworren, fast immer fremdartig und unverständlich. Der Traum, die Traumentstellung, ist also der Ausdruck eines Kompromisses, das Zeugnis des Konflikts zwischen den miteinander unverträglichen Regungen und Bestrebungen unseres Seelenlebens. Und vergessen wir es nicht, derselbe Vorgang, das nämliche Kräftespiel, das uns den Traum des normalen Schläfers erklärt, gibt uns den Schlüssel zum Verständnis aller neurotischen und psychotischen Phänomene.

Ich bitte um Entschuldigung dafür, daß ich bisher so viel von mir und meiner Arbeit an den Traumproblemen gehandelt habe; es war notwendige Voraussetzung des Folgenden. Meine Erklärung der Traumentstellung schien mir neu zu sein, ich hatte nirgends etwas ähnliches gefunden. Jahre später (ich kann nicht mehr sagen, wann) gerieten »Die Phantasien eines Realisten« von Josef Popper-Lynkeus in meine Hand. Eine der darin enthaltenen Geschichten hieß »Träumen wie Wachen«, sie mußte mein stärkstes Interesse erwecken. Ein Mann war in ihr beschrieben, der von sich rühmen konnte, daß er nie etwas Unsinniges geträumt hatte. Seine Träume mochten phantastisch sein wie ein Märchen, aber sie standen mit der wachen Welt nicht so in Widerspruch, daß man mit Bestimmtheit hätte sagen können, »sie seien unmöglich oder an und für sich absurd«. Das hieß in meine Ausdrucksweise übersetzt, bei diesem Manne kam keine Traumentstellung zustande, und wenn man den Grund ihres Ausbleibens erfuhr, hatte man auch den Grund ihrer Entstehung erkannt. Popper gibt seinem Manne volle Einsicht in die Begründung seiner Eigentümlichkeit. Er läßt ihn sagen: »In meinem Denken wie in meinen Gefühlen herrscht Ordnung und Harmonie, auch kämpfen die beiden nie miteinander ... Ich bin eins, ungeteilt, die Anderen sind geteilt und ihre zwei Teile: Wachen und Träumen führen beinahe immerfort Krieg miteinander«. Und weiter über die Deutung der Träume: »Das ist gewiß keine leichte Aufgabe, aber es müßte bei einiger Aufmerksamkeit des Träumenden selbst wohl immer gelingen. — Warum es meistens nicht gelingt? Es scheint bei Euch etwas Verstecktes zu liegen, etwas Unkeusches eigener Art, eine gewisse Heimlichkeit in Eurem Wesen, die schwer auszudrücken ist; und darum scheint Euer Träumen so oft ohne Sinn, sogar ein Widersinn zu sein. Es ist aber im tiefsten Grund durchaus nicht so; ja es kann gar nicht so sein, denn es ist immer derselbe Mensch, ob er wacht oder träumt«.

Dies aber war unter Verzicht auf psychologische Terminologie dieselbe Erklärung der Traumentstellung, die ich aus meinen Arbeiten über den Traum entnommen hatte. Die Entstellung war ein Kompromiß, etwas seiner Natur nach Unaufrichtiges, das Ergebnis eines Konflikts zwischen Denken und Fühlen, oder, wie ich gesagt hatte, zwischen Bewußtem und Verdrängtem. Wo ein solcher Konflikt nicht bestand, nicht verdrängt zu werden brauchte, konnten die Träume auch nicht fremdartig und unsinnig werden. In dem Mann, der nicht anders träumte als er im Wachen dachte, hatte Popper jene innere Harmonie walten lassen, die in einem Staatskörper herzustellen sein Ziel als Sozialreformer war. Und wenn die Wissenschaft uns sagt, daß ein solcher Mensch, ganz ohne Arg und Falsch und ohne alle Verdrängungen, nicht vorkommt oder nicht lebensfähig ist, so ließ

sich doch erraten, daß, soweit eine Annäherung an diesen Idealzustand möglich ist, sie in Poppers eigener Person ihre Verwirklichung gefunden hatte.
Von dem Zusammentreffen mit seiner Weisheit überwältigt, begann ich nun alle seine Schriften zu lesen, die über Voltaire, über Religion, Krieg, Allgemeine Nährpflicht u. a., bis sich das Bild des schlichten großen Mannes, der ein Denker und Kritiker, zugleich ein gütiger Menschenfreund und Reformer war, klar vor meinem Blick aufbaute. Ich sann viel über die Rechte des Individuums, für die er eintrat, und die ich so gerne mit vertreten hätte, störte mich nicht die Erwägung, daß weder das Verhalten der Natur noch die Zielsetzungen der menschlichen Gesellschaft ihren Anspruch voll rechtfertigen. Eine besondere Sympathie zog mich zu ihm hin, da offenbar auch er die Bitterkeit des jüdischen Lebens und die Hohlheit der gegenwärtigen Kulturideale schmerzlich empfunden. Doch habe ich ihn selbst nie gesehen. Er wußte von mir durch gemeinsame Bekannte und einmal hatte ich einen Brief von ihm zu beantworten, der eine Auskunft verlangte. Aber ich habe ihn nicht aufgesucht. Meine Neuerungen in der Psychologie hatten mich den Zeitgenossen, besonders den älteren unter ihnen entfremdet; oft genug, wenn ich mich einem Manne näherte, den ich aus der Entfernung geehrt hatte, fand ich mich wie abgewiesen durch seine Verständnislosigkeit für das, was mir zum Lebensinhalt geworden war. Josef Popper kam doch von der Physik, er war ein Freund von Ernst Mach gewesen; ich wollte mir den erfreulichen Eindruck unserer Übereinstimmung über das Problem der Traumentstellung nicht stören lassen. So kam es, daß ich den Besuch bei ihm aufschob, bis es zu spät wurde und ich nur noch in unserem Rathauspark seine Büste begrüßen konnte.

Zu den Schriften des vorliegenden Bandes

Eine erfüllte Traumahnung

Diese kurze Arbeit ist von Freud zu Lebzeiten nicht veröffentlicht worden. Man fand das Manuskript in seinem Nachlaß. Es trägt das Datum des 10. November 1899, ist also offenbar nur wenige Tage nach der Erstveröffentlichung der *Traumdeutung* niedergeschrieben. Gedruckt erschien die Arbeit zuerst in Band XVII (1·1941, S. 21–23) der *Gesammelten Werke* (seit 1960 bei S. Fischer, Frankfurt am Main).

Über den Traum

Kurz nach Erscheinen seiner *Traumdeutung* (1900) hat sich Freud bereit erklärt, für die von L. Löwenfeld und H. Kurella herausgegebene Sammlung *Grenzfragen des Nerven- und Seelenlebens* (Bergmann, Wiesbaden) eine kürzere, zusammenfassende Darstellung zu schreiben, die einem großen Leserkreis, auch den gebildeten Laien, die Hauptfunde seines großen Werkes in einfacher Form vorstellen sollte. Schon 1901 veröffentlichte er diese Zusammenfassung. Als Einzelband wurde sie 1911, durch einen Abschnitt über das Thema Symbolismus ergänzt, im selben Verlag neu herausgebracht. Diese Edition erlebte 1921 noch eine weitere Auflage. In den *Gesammelten Werken* findet sich die Arbeit seit 1942 in Band II/III, S. 645–700.

Träume im Folklore

In den *Gesammelten Werken* fehlt bislang diese gemeinsam von Freud und D. E. Oppenheim verfaßte Arbeit, weil ihr Manuskript erst 1956, also nach Veröffentlichung der *Gesammelten Werke*, aufgetaucht ist. Oppenheim, seit 1910 Mitglied der Wiener Psychoanalytischen Gesellschaft, war Altphilologe und lehrte am Akademischen Gymnasium in Wien Griechisch und Latein. In der dritten Auflage seiner *Traumdeutung* hat Freud 1911 Oppenheims Studien über Träume im Folklore erwähnt und angekündigt, daß zu diesem Thema demnächst eine Untersuchung erscheinen werde. In allen späteren Auflagen der *Traumdeutung* fehlt jedoch dieser Hinweis. Diese Auslassung sowie das Verschwinden des vermutlich 1911 niedergeschriebenen Manuskripts von ›Träume im Folklore‹ führt James Strachey, der Herausgeber der englischen *Standard Edition of the Complete Psychological Works of Sigmund Freud*, darauf zurück, daß Oppenheim wenig später in der Auseinandersetzung zwischen Freud und Adler die Partei Adlers ergriff und im Oktober 1911 aus der Wiener Psychoanalytischen Gesellschaft austrat. Oppenheim starb später im Konzentrationslager Theresienstadt. Seine Witwe, die die Internierung überlebte, konnte das Manuskript nach Australien retten, wünschte aber, daß es nicht vor ihrem Tode publiziert würde. – Was den jeweiligen Anteil der beiden Autoren betrifft, so stammt offenbar das Rohmaterial für die Studie von Oppenheim, während Freud dieses Material ordnete, die Einleitung und die Kommentare schrieb. – Erst 1958 erschien die deutsche Originalfassung, und zwar in *Dreams in Folklore*, Teil II, International Universities Press, New York, S. 69–111. Sie soll auch in einen geplanten Ergänzungsband zu den *Gesammelten Werken* aufgenommen werden, den Angela Richards vorbereitet.

Ein Traum als Beweismittel

›Ein Traum als Beweismittel‹ erschien zuerst 1913 in der *Internationalen Zeitschrift für Psychoanalyse* (Band I, Nr. 1, S. 73–78). Die Arbeit gehörte zu einer Gruppe von Beiträgen verschiedener Autoren, die unter dem Übertitel ›Beiträge zur Traumdeutung‹ stand. Freud hat seinen Aufsatz 1918 in seine fünfbändige *Sammlung kleiner Schriften zur Neurosenlehre* (Wien 1906–1922) aufgenommen. In den *Gesammelten Werken* findet er sich in Band X, S. 12–22.

Märchenstoffe in Träumen

Auch diese Studie ist 1913 zum erstenmal in der *Internationalen Zeitschrift für Psychoanalyse* (Band I, Nr. 2, S. 147–151) veröffentlicht und später in die *Sammlung kleiner Schriften zur Neurosenlehre* einbezogen worden. In den *Gesammelten Werken* steht sie in Band X, S. 2–9. – Das zweite Traumbeispiel stammt aus der Analyse des als ›Wolfsmann‹ bekannten Patienten, dessen Behandlung Freud zum Zeitpunkt der Publikation der vorliegenden Schrift noch nicht abgeschlossen hatte. In seiner 1914 niedergeschriebenen, aber erst 1918 veröffentlichten Arbeit über diesen Fall (›Aus der Geschichte einer infantilen Neurose‹) berichtet Freud diesen Traum abermals, analysiert ihn dann aber viel ausführlicher. Eine kommentierte Ausgabe dieser wichtigen Krankengeschichte findet sich neuerdings in Band VIII der *Studienausgabe* in zehn Bänden (S. Fischer, Frankfurt am Main, 1969, S. 125 ff.).

Traum und Telepathie

Diese ursprünglich als Vorlesung konzipierte Arbeit erschien zuerst 1922 in der Zeitschrift *Imago* (Band VIII, Nr. 1, S. 1–22). Vermutlich ist sie schon Ende 1921 niedergeschrieben worden. In den *Gesammelten Werken* steht sie in Band XIII, S. 165–191.

Brief an Maxime Leroy. Über einen Traum des Cartesius

Der Wortlaut der deutschen Originalfassung dieses Briefes ist nicht erhalten. In Band XIV der *Gesammelten Werke* (S. 558–560) ist die französische Version abgedruckt, die vermutlich von Maxime Leroy selbst stammt. – Als Leroy an seinem Buch *Descartes; le philosophe au masque* (2 Bde., Editions Rieder, Paris, 1929) arbeitete, schickte er Freud einige aufgezeichnete Träume Descartes und bat ihn um einen Kommentar. Im Unterschied zum deutschen Titel der in den *Gesammelten Werken* abgedruckten französischen Übersetzung handelt es sich tatsächlich nicht nur um einen einzigen Traum; auch Freud spricht von mehreren Träumen. Der Erstdruck der französischen Übersetzung des Freud-Briefes findet sich in Band I des oben zitierten Werks von Maxime Leroy (S. 89 f.). – Die im vorliegenden Taschenbuch enthaltene deutsche Nachübersetzung ist von Anna Freud, der Tochter Sigmund Freuds, eigens für diese Edition vorbereitet worden.

MEINE BERÜHRUNG MIT POPPER-LYNKEUS

Josef Popper (1838–1921) war ein Wiener Ingenieur, unter dem Pseudonym ›Lynkeus‹ der Autor einer Reihe philosophischer und soziologischer Schriften. In einem sehr kurzen Artikel (›Josef Popper-Lynkeus und die Theorie des Traums‹, in: *Gesammelte Werke*, Bd. XIII, S. 357–359) hatte Freud schon 1923 darauf hingewiesen, daß Popper-Lynkeus in seinem Buch *Die Phantasien eines Realisten* (1899) das in der *Traumdeutung* formulierte Konzept der ›Traumentstellung‹ selbst gefunden habe. Die im vorliegenden Band enthaltene, ausführlichere Würdigung, die die frühere einbezieht, erschien 1932 in *Allgemeine Nährpflicht*, im fünfzehnten Band des von Popper-Lynkeus inspirierten Periodikums, vermutlich anläßlich der zehnten Wiederkehr von dessen Todesjahr. In den *Gesammelten Werken* findet sich die Arbeit in Band XVI, S. 261–266.